Le Bien-être

Soins, massages et balnéothérapie

Mireille Jochum-Guillou Werner Waldmann

Le Bien-être

Soins, massages et balnéothérapie

Avec la collaboration
de Gertrud Teusen et d'Edgar Gugenhan

DUMONT monte

Crédits photographiques : Adobe Image Library (8) ; Bäder Obermaier (8) ; CMA (10) ; Creativ Collection (2) ; Deutscher Sauna Bund (1) ; Digital Stock (1) ; Digital Vision (4) ; Duravit (14) ; Emco Erwin Müller Gruppe Lingen (1) ; Good Shoot (3) ; Hansgrohe (5) ; Hansgrohe Historisches Archiv (2) ; Ideal-Standard (4) ; IKEA (4) ; Image 100 (2) ; Image Source (1) ; Kaldewei (1) ; Klafs Saunabau (2) ; MEV (2) ; Museum Rietberg, Zürich (2) ; Photo Alto (photo de couverture ; 24) ; Photo Disc (20) ; Sammlung Waldmann (4) ; Schwarzkopf & Henkel Cosmetics (1) ; Sertürner (2) ; Stockbyte (2) ; Universitätsbibliothek Heidelberg (1) ; Universitätsbibliothek Lepizig (1) ; Villeroy & Boch (13) ; Werner Waldmann (69)
Data management: DDS Lenhard, Stuttgart

Toutes les informations ont été rassemblées et vérifiées par les auteurs, la rédaction et l'éditeur avec le pus grand soin. Cependant, ils ne sauront être tenus responsables des erreurs ou omissions involontaires qui auront pu subsister dans ce livre.

Conception : MediText, Stuttgart

Responsable de projet : Muriel Philibert
Traduction de l'allemand : Florence Tenenbaum
Relecture : Sophie Gresse
Réalisation : mischkonzern, Tobias Kuhn
Impression : Druckerei Appl, Wemding

Imprimé en Allemagne

ISBN 3- 8320-8005-8

Vous pouvez recueillir plus d'informations sur le bain et le bien-être auprès de l'auteur Mireille Jochum-Guillou :
Thalasso-Plus®
International-Zentrale
Tél. 0049/ 681/3906065
Fax. 0049/681/372456
Kaiserstr.7
66111 Sarrebruck
Allemagne

Qu'est-ce que le bien-être ?

Se sentir bien, c'est être en accord avec soi-même, éprouver bonheur et contentement. Cette sensation concerne à la fois le corps et l'esprit. Tout va bien côté corps, on n'a aucun ennui de santé, aucune douleur, aucun besoin de prendre des médicaments. On est satisfait de son apparence, on se regarde avec plaisir dans la glace, on va même jusqu'à s'admirer. Mais se sentir bien, c'est aussi et surtout une question d'équilibre intérieur. Dire qu'on se sent bien revient à dire qu'on n'a pas de soucis ou du moins qu'on les considère avec un certain recul.

Pour les uns, cela suppose une réussite professionnelle ou privée. Pour d'autres, la santé constitue le critère déterminant. D'autres encore sont heureux quand ils sont contents de leur physique.

Cela ne fait aucun doute, chacun donne au mot "bien-être" une signification différente. Mettons-nous d'accord sur le fait qu'on se sent bien une fois qu'on a laissé le quotidien et ses contraintes au vestiaire, tel un bagage encombrant, et qu'on se pose, tranquillement, dans son nid douillet.

Les chemins du bien-être

S'occuper du corps ne signifie absolument pas oublier l'esprit. Si, de retour chez vous après une longue journée de bureau où des moments difficiles ont mis vos nerfs à rude épreuve, vous prenez une douche chaude et laissez couler le jet sur vos mains et votre visage pendant plusieurs minutes, puis vous lavez avec un gel parfumé, vous accordez un massage et enfin prenez un rafraîchissement, l'effet est immédiat : vous vous sentez beaucoup mieux que quelques heures auparavant. Votre organisme se déconnecte alors, une sensation de détente se propage dans toutes les parties du corps. Une musique douce, agréable, un parfum fleuri qui vous chatouille les narines, votre peau bien réchauffée et partout cette odeur de frais et voilà : vous vous sentez propre, net. En d'autres termes, vous vous sentez bien.

Le bien-être ne s'achète pas, il s'agit de le ressentir. Cela n'est pas si difficile. Mais pour éprouver cette sensation si agréable, cette détente, il faut adopter une stratégie précise.

La salle de bains : centre de bien-être

Il n'y a pas si longtemps encore, presque personne n'accordait d'importance à la salle de bains. Ce qu'on appelait le "cabinet de toilette" faisait partie de l'équipement standard minimal d'un appartement moderne en matière d'hygiène. Cette pièce bien souvent laide et exiguë ne servait qu'à se brosser les dents et à se laver, à se raser et à se maquiller. Il était plus confortable de se laver dans une douche équipée d'un rideau en plastique que devant un lavabo avec un gant et du savon. Ceux qui avaient de la place possédaient aussi une baignoire dans laquelle ils pouvaient se prélasser et barboter. Par ailleurs, la pièce était fréquemment utilisée comme débarras, on y entreposait tout ce qui encombrait l'appartement. Pour les ablutions courantes, ce n'était pas très gênant. On raconte même que certaines baignoires étaient remplies d'objets divers et variés et qu'il fallait déplacer avant de prendre son bain du samedi.

Au cinéma et dans les magazines, on voyait parfois des salles de bains tout à fait différentes, de la taille d'un gigantesque salon. Spontanément, on les aurait imaginées dans des palais. Elles ne suscitaient guère de jalousie : l'homme de la rue voyait dans cette pièce d'eau plus luxueuse que le reste de l'appartement une curiosité architecturale.

Depuis, un changement radical s'est produit. La salle de bains a acquis ses lettres de noblesse car on a compris que le bain était un facteur important de bien-être. L'hygiène corporelle seule ne suffit pas à expliquer ce phénomène.

Il existe une tradition du bain dans presque toutes les civilisations. Les Romains avaient une passion pour cette pratique qui constituait un rite social. Mais au Moyen Âge aussi, on en goûtait les joies dans la sphère domestique. En privé, toutes les classes sociales s'accordaient le plaisir du bain dans un baquet. À l'extérieur, hommes et femmes se retrouvaient dans des établissements publics où l'ambiance était fort gaie pour ne pas dire débridée. Plus tard, les épidémies et l'Église mirent un terme à ces amusements.

Les Japonais, eux, considèrent le bain comme un acte quasi sacré. Il ne vise pas seulement à prendre soin de sa peau mais va bien au-delà. Avant d'entrer dans une baignoire ou un bassin collectif, ils se lavent consciencieusement. Dans leur pays, il n'est pas concevable de se

baigner si le corps n'est pas propre. Le bain est là pour nettoyer l'esprit.

En Occident, la salle de bains est à présent un lieu respectable qui permet de laver le corps mais également l'esprit. Les entreprises spécialisées dans l'équipement de salles de bains proposent de remarquables collections de baignoires, de cabines de douches, de lavabos, d'armoires à glace et de robinets. De plus, on sait maintenant que les formes, les couleurs et la lumière contribuent à créer une atmosphère qui permet de glisser doucement dans le royaume des rêves en se prélassant dans la mousse.

L'industrie des cosmétiques a arraché bien des secrets à la nature. Certes, les produits de bain, les huiles essentielles, les savons et les lotions sont de facture industrielle, toutefois, c'est la nature qui, dans la plupart des cas, a inventé leurs ingrédients. Ainsi, nous pouvons nous servir des vertus thérapeutiques des épices, des plantes et de l'eau de mer pour entretenir notre beauté, notre santé et notre vitalité à domicile. La diversité des produits dont nous disposons pour réconcilier le corps, l'esprit et l'âme est proprement fascinante.

Le Luxe : à la fois récompense et thérapeutique

Ceux qui en sont restés à la conception austère selon laquelle la salle de bains ne sert qu'à se brosser les dents et à se laver voient peut-être d'un mauvais œil tous les plaisirs qui accompagnent aujourd'hui la pratique du bain. On voit en effet fleurir dans les constructions modernes des pièces d'eau au design extraordinaire, équipées en outre de jacuzzis et de

baignoires raffinées que jadis on mettait sur le compte de l'imagination débordante d'un décorateur de cinéma. Dans ces salles de bains, sur les étagères, bouteilles et flacons succèdent aux huiles essentielles et aux essences. Signe extérieur de richesse, luxe pur et simple. Mais le luxe n'est-il pas le privilège des quelques milliers d'individus qui tiennent le haut du pavé ? Le luxe, c'est le petit "plus" qui rend la vie savoureuse. Ce n'est pas grand chose mais il vaut mieux ne pas y renoncer. Quand on travaille et qu'on subit le stress, on a besoin de se reposer et de se relaxer. Tout ce qui peut entretenir la joie de vivre est légitime, y compris le rituel si réconfortant du bain, les soins cosmétiques, les expériences culinaires les plus subtiles. Beauté, raffinement, plaisir, ces trois éléments permettent de restaurer l'harmonie entre le corps, l'esprit et l'âme, d'enrichir la palette de nos sensations et de renouveler l'énergie à investir dans notre travail et tous nos engagements.

Quand nous prenons soin de nous-mêmes, nous stimulons des forces étonnantes en nous qui donnent à la vie tout son prix, qui renforcent l'organisme contre les maladies et relancent notre créativité et notre vitalité.

Ce livre vous expose toutes les façons dont vous pouvez dorloter votre corps et votre esprit. Place au massage, au plaisir, à la joie de vivre et à l'épanouissement personnel.

Mireille Jochum-Guillou
Werner Waldmann

Sommaire

Petite histoire culturelle du bain 15

Remarques générales à propos du bain 35

99 bains pour votre bien-être 63

Programme complet pour prendre soin de soi 101

L'HISTOIRE DU BAIN EST PRESQUE AUSSI ANCIENNE QUE CELLE DE L'HUMANITÉ. CHAQUE CIVILISATION, CHAQUE SIÈCLE A DÉVELOPPÉ SES PROPRES USAGES ET SES PROPRES RITUELS EN LA MATIÈRE. SYMBOLE DE LA PROPRETÉ DU CORPS, IL DEVAIT AUSSI LAVER ET REVIVIFIER L'ÂME ET L'ESPRIT. NOTONS QU'AUTREFOIS, ON PRENAIT GÉNÉRALEMENT SON BAIN EN COMPAGNIE – ET BIEN SOUVENT, CET INSTANT ÉTAIT CELUI DE LA VOLUPTÉ.

Petite histoire culturelle du bain

Les premiers plaisirs du bain

Quand on songe aux joies du bain dans l'Antiquité, c'est en général la reine égyptienne Cléopâtre qui nous vient à l'esprit. Célèbre pour sa beauté, elle l'entretenait de préférence en se plongeant dans du lait d'ânesse. Cela dit, Cléopâtre ne fut pas la première à découvrir les agréments de l'eau. Aux environs de 4500 avant J.-C., les palais des souverains mésopotamiens comportaient déjà des baignoires en terre cuite. Les grandes demeures situées sur le site de Mohenjo-Daro (actuel Pakistan) étaient déjà équipées de salle de bains et de sanitaires. Cette ville avait aussi son propre bassin mais il était réservé aux ablutions religieuses.

Les cérémonies religieuses étaient accompagnées de règles d'hygiène strictes. Presque tous les fondateurs de religion – de Bouddha à Moïse – soulignaient l'effet purificateur de l'eau sur le corps et l'âme. Les plus anciens témoignages allant dans ce sens (ils datent à peu près de 5000 avant J.-C.) nous viennent d'Inde : le matin, tout homme y était considéré comme impur et intouchable tant qu'il ne s'était pas lavé. De nos jours, les milliers de gens qui se baignent dans les fleuves sacrés de l'Inde pour se purifier offrent un spectacle fascinant.

Les ablutions ont toujours existé et existent toujours dans toutes les pratiques religieuses : en Égypte ancienne, il fallait se nettoyer le visage et les mains avant d'adorer Isis. Aujourd'hui, les musulmans sont encore tenus de se laver avant d'entrer dans la mosquée pour la prière. De même, dans le bouddhisme, les soins du corps sont étroitement liés à la pureté de l'âme. Quant au baptême chrétien, il consistait à l'origine en une immersion totale dans le Jourdain.

Un bain romain

Pourtant, on commettrait une erreur en réduisant cet engouement pour le bain à la seule dévotion religieuse. Il était et demeure avant tout synonyme de plaisir, de détente et de jouissance.

La Grèce nous en fournit un bon exemple. On peut encore voir aujourd'hui la plus ancienne et la plus célèbre salle de bains (elle date de 1800 avant J.-C.) dans le palais de Cnossos en Crète. Elle jouxte les appartements de la reine et sa baignoire en terre cuite est bien conservée. Les bains privés étaient le privilège des riches et des puissants. Le commun des mortels, les hommes en particulier, se retrouvaient dans les douches rattachées au gymnase après avoir fait du sport. Dès l'époque d'Homère, la pratique du bain était déjà si répandue qu'elle faisait partie intégrante de la vie quotidienne. À la fin des compétitions sportives, on se douchait à l'eau froide pour endurcir le corps. Mais bientôt les Grecs trouvèrent beaucoup plus agréable de se prélasser dans un bain chaud. Toutefois, ils privilégiaient les bains publics qui étaient équipés de tout le confort et devinrent assez vite des lieux de rendez-vous. Certes, les philosophes se répandirent en invectives contre cet « amollissement des mœurs » mais ils ne résistèrent pas longtemps à la volonté populaire. Après le bain chaud, les Grecs découvrirent les bienfaits de la vapeur et des massages dispensés juste après. Tous ces soins visaient à entretenir le corps et à suivre les canons esthétiques de l'époque.

Toutes les religions comportent des rites de purification. À titre d'exemple, le mikveh (bain rituel) jouait un rôle important dans la religion juive. Le Talmud ordonnait à tous les fidèles « d'éviter toutes les villes qui ne disposent pas de bains publics ».

Les Romains eux aussi appréciaient beaucoup la convivialité de ce lieu où l'on se réunissait dans une atmosphère décontractée. Au début, ils allaient se baigner dans les étangs et les lacs. Pour eux aussi, l'eau froide était le symbole d'une bonne condition physique, elle exigeait une discipline rigoureuse et une attitude "virile". Suivant l'exemple des Grecs, de riches Romains ouvrirent des bains, les balneae dont l'accès était payant. On y découvrait les bienfaits de l'eau chaude et de l'alternance entre bains chauds et bains froids qui rendait le corps plus robuste. Une nouvelle ère débuta en l'an 19 avant J.-C. lorsque le général Marcus Vipsanius Agrippa fit construire un établissement sans équivalent (il incluait un parc et un lac artificiel). Il l'appela *thermae* (du grec *thermos* qui signifie "chaud"). Mais, contrairement aux Grecs, les Romains ne recherchaient pas l'exercice physique, ils fréquentaient plutôt les thermes pour rester propres et en bonne santé. Et plus que tout, ils voulaient se faire plaisir. Bientôt, on vit fleurir un peu partout des thermes luxueux. Très vite, les Romains les perfectionnèrent et créèrent les premiers "parcs aquatiques" composés de piscines et de jardins, d'étuves semblables aux hammams et de coins confortables destinés au repos. On y trouvait des stades et des terrains de jeux, des restaurants et des théâtres. Les bains romains connurent leur apogée sous le règne de l'empereur Néron.

Les premiers habitants de l'Amérique, les Indiens, se retrouvaient dans des "huttes de bains" pour savourer ensemble les délices de la vapeur. Elle se dégageait lorsqu'on aspergeait d'eau froide des pierres préalablement chauffées disposées au centre de la hutte.

En raison de leur superficie qui pouvait aller jusqu'à 3 000 mètres carrés, il était impossible de se repérer dans ces bains. Les hommes et les femmes y accédaient par des entrées séparées mais ils pouvaient se croiser à l'intérieur grâce à un système ingénieux de halls et de couloirs. À en croire les descriptions de l'époque, l'atmosphère des thermes était comparable à celle d'une kermesse. On y jouait de la musique, on y mangeait, on y buvait ; des commerçants y proposaient leurs marchandises, on y faisait des affaires, on y signait des contrats.

Les Grecs prenaient un bain par jour – il durait parfois plusieurs heures – toujours dans l'après-midi, avant le dîner. Leurs rituels en matière d'hygiène étaient guidés par le désir d'avoir un corps parfait. Ils appréciaient la convivialité qui régnait dans les bains publics mais celle-ci restait secondaire.

Pourtant, comme l'accès de ces thermes était gratuit pour tous les citoyens romains et qu'ils étaient fréquentés aussi bien par des hommes que par des femmes de toutes catégories sociales, des rumeurs se répandirent assez vite à leur sujet. On critiquait surtout les mœurs trop libres qui y régnaient : hommes et femmes ensemble dans un bain, nus par-dessus le marché... De toute façon, le christianisme était hostile à cette pratique, il réprouvait la nudité et comparait ces établissements à des lieux de perdition.

Le concile de Laodicée en l'an 320 (après J.-C.) commença par interdire l'accès des thermes aux femmes. Une interdiction générale suivit à la fin du IVe siècle.

Les thermes édifiés aussi dans d'autres provinces ne survécurent pas très longtemps à la décadence de l'Empire romain. Sous l'influence de l'Église catholique, ils furent fermés les uns après les autres.

**Page de droite :
Le troubadour Jakob von der Warte prenant son bain au jardin, XIVe siècle.**

Mari et femme dans le bain, gravure sur bois, 1481.

Tandis que les Romains avaient élevé la pratique du bain au rang d'un art, les Celtes et les Germains, eux, en faisaient un usage plutôt rudimentaire. Cependant, ils préféraient eux aussi se laver et transpirer dans une pièce commune. Les rituels en matière d'hygiène visaient à renforcer la cohésion de la tribu, mais le bain collectif devait également être un plaisir.

Le bain au Moyen Âge : tous les sens en éveil

L'argument de la pudeur que l'Église avait brandi pour interdire l'accès aux multiples joies du bain ne s'imposa qu'un temps. Tandis que dans les cloîtres, on jouissait de ce plaisir comme avant, on en privait le commun des mortels. Pourtant, en dépit de ces restrictions, de nouveaux usages apparurent au Moyen Âge et se répandirent très vite en Europe. Les impressions rapportées par les croisés avaient en effet ouvert de nouvelles perspectives. C'est ainsi que le "hammam", le bain de vapeur oriental, marqua de son empreinte les pratiques de l'Occident. Ici, cependant, on ne se montrait pas aussi inflexible qu'au Levant. Là-bas, les deux sexes se baignaient séparément ; en Europe, on était beaucoup moins pointilleux. Dans un bain turc, on aimait jouir de tous les plaisirs à la fois : les valets et les servantes chargés des soins corporels jouaient aussi le rôle de prostitués et d'entremetteurs. On appelait ces servantes, réputées pour leurs massages spéciaux, les "frotteuses".

Les bains publics, maître du Duc Antoine de Bourgogne, miniature extraite du manuscrit de Valerius Maximus, aux alentours de 1470.

Parmi ces servantes, Agnes Bernauer acquit une certaine célébrité parce que le duc Albrecht de Bavière tomba amoureux d'elle en 1432. Son mariage secret avec l'aristocrate lui valut une destinée assez tragique : le père de son époux l'accusa bientôt de sorcellerie et la fit noyer dans le Danube.

Même si cela peut paraître un peu indécent, les écrivains n'hésitaient pas à peindre le libertinage qui existait dans les établissements de bains et ils le faisaient avec une liberté de ton surprenante. On pourrait citer en exemple *Le Roman de la Rose* où le poète français Jean de Meung racontait : « C'est là que vont les jeunes gens et les jeunes filles réunis par de vieilles maquerelles, parcourant prés, jardins et bosquets, plus enjoués que des perroquets ; ensuite, ils se rendent ensemble aux étuves et se baignent en commun ... ».

Cette liberté retrouvée était en parfaite adéquation avec les découvertes que le médecin et philosophe persan Ibn Sina avait résumées dans son ouvrage intitulé *Canon medicinae*. Il avait compris l'importance de l'exercice physique et de l'hygiène pour le corps et l'esprit. Les bains chauds et froids alternés, les massages et la gymnastique connurent donc un renouveau.

Aux XIIIe et au XIVe siècles, tenir un établissement de bains était une activité reconnue, organisée en corporation. Tous ceux qui pouvaient se le permettre fréquentaient ces institutions où ils se délassaient dans des bains chauds ou dans la chaleur moite des étuves, faisaient de véritables festins et se reposaient dans des salles luxueuses. Dans ce contexte, de nouveaux métiers firent leur apparition : l'étuveur et le chirurgien. En plus du rasage, de l'épilation et de la coiffure, on proposait des séances de soins médicaux comme la pose de ventouses, les massages ou les saignées.

Chez soi aussi, on prenait beaucoup de bains. Certes, on disposait seulement d'un baquet que l'on remplissait d'eau chaude, mais déjà, on connaissait bien les adjonctions de plantes médicinales qui faisaient du bain un véritable plaisir. Des généraux aguerris eux-mêmes s'accordaient volontiers cette récompense après la bataille.

Au fil des siècles le confort des salles de bains privées ne cessa d'être amélioré. Le baquet céda la place à un élégant modèle en zinc ou en argent. Parallèlement, les techniques de chauffage se perfectionnèrent : on se mit alors à chauffer l'eau sur de petits poêles équipés d'un tuyau qui

Femmes au bain, miniature datant du règne d'Akbar, vers 1590.

alimentait directement la baignoire. On construisit des salles et des pavillons de bains et, dans les châteaux, on commença à installer des conduites pour l'eau froide et l'eau chaude.

Ceux qui pouvaient accéder à ce confort étaient bien plus soucieux de l'agrément qu'ils pouvaient en retirer que de l'hygiène. Les souverains européens rivalisaient pour créer des refuges aquatiques toujours plus beaux et plus originaux. Et le clergé ne leur cédait en rien dans ce concours de raffinement.

Dans un contexte comme celui-ci, marqué par les avancées et par la grande popularité du bain, on a peine à comprendre pourquoi la première page de son histoire fut tournée aussi brusquement. Certes, quelques intellectuels, comme Montaigne, tentèrent d'enrayer ce déclin, mais en vain. L'ère de "l'hygiène sèche" avait commencé.

Les mœurs très libres qui régnaient dans certains établissements de bains furent à l'origine de leur déclin. Les critiques formulées par l'Église se firent de plus en plus sévères et la propagation de la peste et de la syphilis mirent un terme définitif à la vogue du bain.

Une parenthèse dans l'histoire du bain : deux siècles d'hygiène sèche

Au XVIe siècle, la pratique du bain en Europe vit sa cote chuter de manière foudroyante. S'il est difficile de déterminer les causes historiques précises de ce phénomène, on peut en revanche énoncer plusieurs facteurs qui furent probablement décisifs. Tout d'abord, il se produisit un revirement d'opinion : alors qu'auparavant on considérait comme naturelles toutes les "choses du corps", la pudeur gagna le terrain et se manifesta par une pudibonderie particulière dans le domaine de l'hygiène.

On assimilait couramment les bains publics à ces maisons closes. De plus en plus, on fustigeait ces plaisirs débridés, ce qui aboutit à la fermeture de bon nombre d'établissements.

Par ailleurs, la peste se répandait à une vitesse inquiétante et faisait toujours plus de victimes. On reprocha aux bains publics d'avoir contribué à la propagation de l'épidémie.

Enfin, les conditions de vie avaient radicalement changé. Des guerres embrasaient sans cesse le pays, exigeant leur tribut, et la peste s'obstinait à ne pas reculer. Ainsi, les gens qui prenaient plaisir à une activité aussi gaie et futile que le bain se firent rares. Les temps étaient plus difficiles et l'heure n'était plus à la joie de vivre. Mais en stigmatisant le bain, on condamnait aussi la propreté. Cette idée n'effleura personne, manifestement...

Il paraît presque grotesque que les beaux-arts comme la musique et la littérature aient atteint de tels sommets au XVIIIe siècle, tandis que la culture du bain était pour ainsi dire passée aux oubliettes .

La Réforme et la Contre-Réforme elles aussi contribuèrent à ce que la nudité soit considérée comme un péché et le corps comme une chose sale.

Naturellement, avec le temps, cela devint une réalité, car on ne réussissait pas vraiment à dissimuler toute sa crasse sous des chemises blanches et des sous-vêtements propres. Les perruques poudrées et la pointe impeccable des cols ne parvenaient à masquer le manque d'hygiène que de manière superficielle. Pourtant, le linge blanc était synonyme de "pureté". Et on regardait aisément les sujets du royaume, pauvres et souvent très sales, comme une racaille méprisable. Quiconque n'était pas en mesure de sauver les apparences devenait suspect moralement.

La toilette, quand elle avait lieu, se déroulait à l'abri des regards et concernait essentiellement le visage et les mains. Des multiples bains turcs qui existaient jadis à Paris, il n'en resta que deux qui se spécialisèrent exclusivement dans les bains de vapeur curatifs prescrits par les médecins.

Chez les particuliers aussi, l'eau se tarit. Le parti des opposants au bain reçut le soutien des médecins. Louis Savot, l'un d'entre eux, écrivit en 1624 : « Nous pouvons renoncer plus commodément au bain que nos ancêtres parce que nous utilisons du linge de corps qui nous aide à nous tenir propres plus facilement qu'au moyen des bains et des étuves de nos aïeux qui ne connaissaient ni l'usage ni la commodité de ce linge. » Et pour soutenir cette thèse, on rendait l'eau responsable de tous les maux. On disait qu'elle affaiblissait le corps, qu'elle suscitait des émanations toxiques, qu'elle favorisait la débilité mentale et l'hydropisie.

Ci-dessous : Broc de couleur bleu, pièce d'un service de toilette qui appartenait à l'empereur Guillaume Ier.

En quoi consistait ce qu'on appelait "l'hygiène sèche" ? Seuls les mains et la bouche étaient l'objet de soins, par ailleurs superficiels. Les cheveux étaient shampouinés à sec puis cachés sous des perruques. Un maquillage coloré et des poudres parfumées remplaçaient la toilette du visage, on s'aspergeait de parfum et on plaçait des petits sachets odorants sous ses aisselles. Le contact avec l'eau, rare de toute façon, se produisait uniquement dans l'intimité.

Les nouvelles salles de bains qu'on aménageait dans les palais, toujours plus belles, formaient un contraste saisissant avec ces usages. Les baignoires immenses et somptueuses, les techniques de plus en plus perfectionnées pour chauffer l'eau et les carrelages toujours plus raffinés ne changeaient rien au fait que la plupart de ces pièces restaient inutilisées.

Le Roi-Soleil mourut en 1715 et emporta avec lui "l'hygiène sèche".

Le XVIIIe siècle et la renaissance du bain

On plaçait les baignoires mobiles soit dans la cuisine soit dans l'entrée. Comme il fallait porter jusqu'à elles chaque seau d'eau, on optait pour le plus court chemin.

En Europe, le retour à la nature fut initié par les philosophes des Lumières : Rousseau, Voltaire, Diderot en France, Locke en Angleterre et Basedow en Allemagne. Leurs propos furent soutenus par le corps médical qui confirma les répercussions bénéfiques sur la santé des bains chauds et froids alternés. En 1777, Lavoisier fit une découverte presque révolutionnaire : il prouva que la peau elle aussi respirait.

À partir de ce moment-là, les bains eurent de nouveau droit de cité et tout le monde s'en donna à cœur joie. Dans les palais des princes et les villas des nantis, on vit bientôt fleurir des salles de bains luxueuses. Si les bains publics étaient toujours aussi délaissés, on ne cessait en revanche d'inventer des baignoires de plus en plus confortables. Pendant un certain temps, les modèles portatifs connurent une vogue qui gagna aussi les milieux les plus défavorisées. Quand la place manquait pour aménager une pièce séparée, il fallait s'adapter. Souvent, on installait la baignoire dans la cuisine au moment voulu parce que la proximité de

Décoration de style art nouveau sur un carrelage mural.

l'eau chaude était pratique. Même au XIXe siècle, seuls les bourgeois fortunés avaient l'eau courante.

Malgré toutes les difficultés pratiques que cela posait, on accorda dès lors la plus grande importance au bain et à la toilette. La recherche médicale fit de rapides progrès et montra qu'il existait une relation très nette entre l'hygiène et la santé. On redécouvrit l'effet bénéfique de l'eau, une idée que propagèrent des hommes comme Hufland, Prießnitz, Rikli et Lassar.

La propreté devint une exigence morale et de nombreux livres traitant de l'importance du bain furent écrits à cette époque. Toutefois, c'était une exigence qu'il était difficile de satisfaire car les équipements faisaient défaut.

Pour ceux qui n'avaient pas de gros moyens, on ouvrit partout en Europe des "bains publics". Avec un zèle quasi prophétique, on prêchait "l'hygiène familiale". Cependant, dans les villes et plus encore dans les campagnes, l'eau courante était rare et le traitement des eaux usées posait problème. Étant donné le coût de l'eau chaude, instituer la salle de bains privée à l'échelle nationale restait inconcevable.

On instaura des établissements de bain pour les enfants, des douches collectives pour les ouvriers de l'industrie et des bains en rivière pour la population rurale. Aux alentours de 1855, un concept né en France s'implanta en Allemagne. Celui-ci combinait bain public et lavoir. La première de ces institutions fut créée à Hambourg ; on y installa soixante-quinze baignoires et lavoirs équipés d'eau chaude courante. Plus tard, elles furent perfectionnées, on aménagea des cabines de bain et de douche et on créa même une première et une deuxième classe. Cette dernière innovation n'allait pas dans le bon sens car, très vite, fréquenter ces établissements devint hors de prix pour les gens simples. À la fin du XIXe siècle, les bains publics furent de plus en plus remplacés par des douches que l'on surnomma bientôt le "bain du peuple".

La salle de bains privée pour tous était malheureusement une utopie qui n'était pas près de se réaliser. La citation suivante extraite d'un traité pour

Autant les mesures d'hygiène furent difficiles à imposer dans les couches populaires, autant les gens fortunés appréciaient ce luxe que constituait la salle de bains. À Paris, une nouvelle mode s'installa, celle du "cabinet de toilette". Dans les maisons bourgeoises, cette pièce intime se trouvait juste à côté de la chambre à coucher.

Les Grecs anciens connaissaient déjà la douche. Au XIXe siècle, elle réapparut sous le nom de "bain du peuple".

En haut : baignoires, baignoires sabots et baquets datant du XIXᵉ siècle. En bas à gauche : douche ; au milieu : toilette sous la douche ; à droite : installation pour permettre aux malades d'entrer dans le bain, reproductions du XIXᵉ siècle.

"l'éducation populaire" montre la décrépitude dans laquelle était tombé l'usage du bain à l'époque. Le pédagogue français Massé composa ce traité en 1845 : « […] une bassine à moitié remplie d'eau froide, un petit seau d'eau chaude, deux éponges de taille moyenne […] un grand morceau de flanelle, des serviettes ou des gants de toilette. Prendre un tissu en laine et frictionner tout le corps avec. Insister sur la poitrine, les aisselles et tous les endroits où la chaleur du lit est susceptible d'avoir provoqué une sudation […] Puis attraper les deux éponges, en tenir une dans chaque main, les plonger dans la bassine et commencer à se laver […] ».

La salle de bains privée : le luxe à la portée de tous ?

Jusqu'à la fin du XIXᵉ siècle, la salle de bains privée demeura le privilège d'une minorité très fortunée. Il était extrêmement rare qu'elle fasse partie du domicile et occupe une pièce à part entière. En raison de ce manque,

À gauche : une baignoire "couverte", Angleterre, fin du XIXe siècle. Ci-dessous : baignoire sabot équipée d'une douchette, milieu du XIXe siècle.

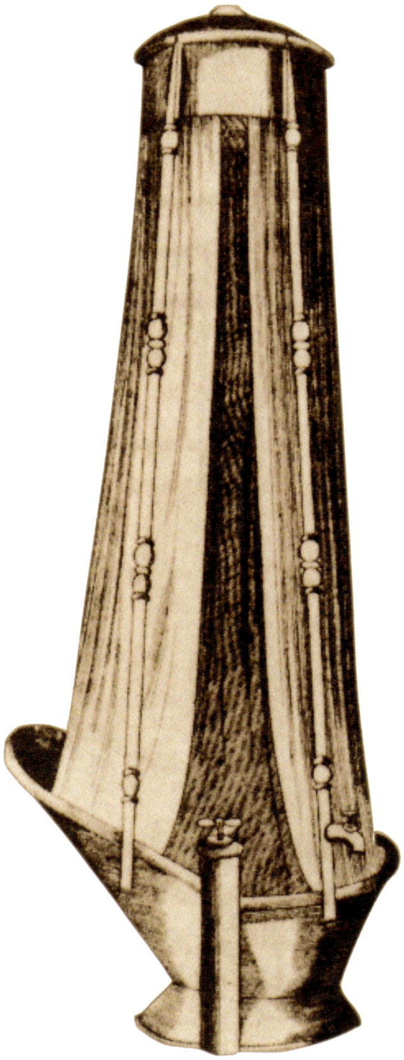

les inventeurs de cabines de douches mobiles et d'armoires-baignoires remportèrent un grand succès. Bientôt certains modèles furent produits en série.

La révolution vint finalement des États-Unis. Lors d'une exposition consacrée à l'hygiène en 1900, les visiteurs purent admirer pour la première fois une salle de bains américaine. Dans ce pays, au début du XXe siècle, cette pièce était généralement prévue lorsqu'on construisait les habitations. De nombreuses innovations techniques avaient favorisé l'émergence d'une nouvelle ère du bain et d'un sens de l'hygiène sans précédent jusque-là. Le caractère fonctionnel de la pièce prit le pas sur les extravagances esthétiques. Les mauvaises langues qualifiaient cet équipement de "machine à décrasser" et il faut bien admettre que le modèle américain ressemblait plus à un laboratoire stérile qu'à une confortable salle de bains. Le carrelage blanc remplaçait les tapis moelleux pour ne laisser aucune chance aux bactéries. Dans l'ensemble cependant, la nouvelle tendance était en accord avec l'esprit de l'époque qui voyait dans l'hygiène l'objectif suprême.

Connu sous le nom d'*American bath*, ce concept devint la salle de bains privée idéale. Son équipement standard comprenait des toilettes, une grande baignoire et un meuble-lavabo. Cette pièce était fonctionnelle et irréprochable en matière d'hygiène. Ici, la fantaisie dans la décoration n'avait pas sa place. En Allemagne, cet agencement allait servir de modèle par la suite pour les salles de bain aménagées dans les lotissements postérieurs à la Seconde Guerre mondiale.

Là-bas, dans l'entre-deux-guerres, on était encore loin d'une pratique du bain digne de ce nom. La tendance était plutôt au cabinet de toilette qui permettait au moins de respecter les règles d'hygiène les plus simples. C'était d'ailleurs le principal objectif car le bain n'était pas là pour servir d'agrément, il constituait juste une mesure d'hygiène nécessaire pour préserver sa santé.

Dès lors, la salle de bains privée ne cessa de se perfectionner, l'utilité pratique restant le critère suprême. Finalement, au milieu des années soixante, l'austérité qui caractérisait l'univers du bain en Europe commença à se transformer au profit du plaisir et de l'esthétique.

Page ci-contre : une salle de bains dans l'entre-deux-guerres.
Ci-dessous : salle de bains au temps du miracle économique allemand.

À en juger d'après l'obsession hygiénique de l'époque qui allait de pair avec la pudibonderie, on peut imaginer la stupeur des spectateurs lorsque Marilyn Monroe apparut en 1954 dans le film *Sept Ans de Réflexion* en train de se prélasser dans une baignoire pleine de mousse. C'est très probablement aux stars de cinéma de ce temps-là et à l'initiative de nombreuses revues que nous devons la redécouverte du bain comme source de plaisir.

Aujourd'hui, les techniques et le design des salles de bains ont nettement évolué. En Occident, presque tous les désirs sont satisfaits. Le matin, on apprécie le rituel de la douche et le soir, on plonge avec délice dans un bon bain chaud. Pourtant, rétrospectivement, on peut dire que la pratique du bain a connu son apogée véritable il y a déjà presque deux mille ans.

Tout le monde a besoin de décompresser de temps à autre, de se laver du stress et de refaire le plein d'énergie. C'est chez soi, dans sa propre salle de bains, qu'on peut le mieux oublier le monde et son effervescence, s'éclipser. Le simple bruit de l'eau qui coule dans la baignoire évoque des sons réconfortants : le clapotis rafraîchissant d'un ruisseau en montagne, le mugissement des vagues déferlant sur le sable, le choc de l'écume quand les vagues s'écrasent à grand fracas contre la falaise. Seul le bonheur du bain lui-même surpasse celui éprouvé à la simple idée de se plonger dans l'eau chaude. Nous connaissons tous la sensation délicieuse que nous procure un bon bain chaud après une longue promenade en hiver, le jet rafraîchissant d'une douche froide après une chaude journée d'été – l'eau apporte au corps et à l'esprit une détente absolue.

Remarques générales à propos du bain

Le bain : bien plus qu'un plaisir physique

Prendre un bain est le moyen le plus simple de prendre soin de son corps. En principe, il suffit de remplir une baignoire d'eau et de s'y plonger, rien de plus. Le bain intégral, comme on appelle le bain d'agrément dans le vocabulaire spécialisé, n'exige aucune technique et aucun équipement coûteux. Pourtant, il est très efficace puisqu'il nettoie la peau et détend les muscles. Sous l'action de la chaleur, les vaisseaux se dilatent et la circulation sanguine s'accélère. Le métabolisme s'intensifie et élimine mieux les toxines du corps. Et quand en plus, l'esprit se relaxe, les nerfs mis à rude épreuve se détendent eux aussi.

Une détente immédiate – la salle de bains devient une oasis calme et reposante.

Il est possible aussi d'accroître fortement l'effet salutaire du bain en lui ajoutant certains produits. Selon l'additif choisi, on peut atténuer les insomnies ou éviter un rhume qui menace de se déclarer. Le champ d'action du bain est immense, on peut l'utiliser avec succès aussi bien en cas de problèmes psychiques que de douleurs physiques.

Si l'on observe la multiplicité de ses vertus thérapeutiques, il devient évident que le bain influe sur l'organisme dans son ensemble, ce qui est une bonne chose en soi mais ne va pas non plus sans risque. Car ce qui peut être bénéfique pour tout le corps peut aussi être nocif. Pour cette raison, quand on prend un bain, il convient d'observer certaines règles.

La prudence s'impose

Faites attention au "seuil critique" de température. Quand l'eau atteint de 38 à 39 °C, l'action apaisante du bain peut s'inverser et devenir excitante.

Ceux qui plongent régulièrement dans leur baignoire ne réfléchissent jamais aux conséquences de cet acte. Le bain a beau être simple et pratique, tout le monde ne peut pas en jouir sans danger. Les gens atteints de troubles cardio-vasculaires surtout devraient être prudents. Une tension trop élevée est au moins aussi dangereuse qu'une tension trop basse. Pour les cardiaques, il est vivement recommandé de consulter leur médecin.

Pourquoi cette prudence ? Quiconque a une tension artérielle instable connaît les problèmes causés par les changements de temps ou les grandes différences d'altitude. Ici, ce sont les données de la pression atmosphérique qui se répercutent sur le corps. Les bains chauds provoquent des réactions similaires : le poids de l'eau engendre ce qu'on appelle une pression hydrostatique qui peut avoir les mêmes effets que les changements de pression atmosphérique. Cela va de la nausée jusqu'au collapsus. De plus, ces effets sont encore aggravés par le fait que l'eau chaude ou très chaude stimule l'activité cardiaque. C'est pourquoi, s'ils n'ont pas eu d'entretien préalable avec leur médecin, les malades cardiaques feraient bien de renoncer à cette pratique.

Pour les gens qui souffrent d'artériosclérose, les bains chauds et froids alternés sont contre-indiqués parce que leurs vaisseaux, moins souples qu'avant, pourraient mal supporter cette stimulation. Pour ces groupes à risques, les bains à l'eau froide sont totalement interdits.

Les précautions à prendre en cas d'hypertension ou de tension basse sont sensiblement les mêmes : ne pas rester trop longtemps dans l'eau, ne pas prendre de bain trop chaud et ne pas utiliser de produits trop actifs. Le mieux est de tester peu à peu – dans le jargon professionnel, on appelle ça la "thérapeutique progressive" – quel type de bain convient le mieux à vos besoins personnels. Pour commencer, il vaut mieux ne pas passer plus de cinq minutes dans l'eau. Ensuite, vous pouvez prolonger à chaque fois la durée du bain.

Si vous êtes pris de vertiges ou que vous ne vous sentez pas bien, c'est signe que vous ne supportez pas le bain. Dès l'apparition de ces symptômes, il faut sortir de l'eau tout de suite mais sans précipitation et, après s'être essuyé, s'allonger en gardant les jambes surélevées.

Les bains chauds posent également problème pour les personnes atteintes de troubles veineux – c'est à dire de varices ou de varicosités – importants. Pour eux, les bains à température du corps sont les plus adaptés. Par ailleurs, ils ont eux aussi intérêt à augmenter la durée du bain progressivement en commençant par y rester cinq minutes.

En cas de couperose – une forte dilatation des vaisseaux qui se concentre principalement sur le visage et le décolleté – les bains chauds sont mal tolérés et il vaut mieux renoncer aussi à fréquenter le sauna.

La grossesse n'est pas une maladie. Toutefois, dans cette phase, les femmes devraient être prudentes.

Les règles fondamentales

1

Fatigué ? Allez au lit au lieu de prendre un bain !

Si vous vous sentez épuisé, votre place n'est pas dans la baignoire. Une telle fatigue peut indiquer une chute de tension ou un début d'infection. Prendre un bain serait une erreur. En cas de légère fatigue en revanche, cela peut être très revigorant.

2

Tout prévoir pour se sentir parfaitement bien

Une atmosphère adéquate accroît la sensation de bien-être. Choisissez une musique relaxante qui mène à une détente progressive et laisse libre cours aux sensations et aux pensées. Évitez si possible de sortir de l'eau pendant le bain ; en effet, le corps risquerait de se refroidir et le bain pourrait ne pas avoir l'effet escompté.

3

Une douce chaleur doit régner dans la pièce

Un bain relaxant suppose une température ambiante appropriée. Pour être bien quand vous vous déshabillez et pour sortir de l'eau sans geler, il faut une température de 20 à 30 °C. Si vous souhaitez vous sentir encore mieux en diffusant des huiles parfumées, vous pouvez installer un brûle-parfum (pour des raisons de sécurité, placez-le loin de la baignoire).

4

Le luxe et le confort ne s'obtiennent pas d'un coup de baguette magique

Pour prendre soin de soi, il faut se préparer et s'équiper un peu. Un coussin pour la nuque, fixé au bord de la baignoire par des ventouses, est utile. Pour ne pas glisser, mettez devant la baignoire un tapis de bain chaud et antidérapant. Pour éviter un refroidissement du corps, très mauvais sur le plan thérapeutique, il est conseillé de s'envelopper dans des serviettes préalablement chauffées dès qu'on sort de l'eau.

5

Ni nourriture, ni alcool

Le verre de champagne paraît s'imposer pour une séance de détente dans la baignoire. Cependant, méfiez-vous de l'alcool. De plus, il est dangereux de manipuler des verres dans la salle de bains. Et puis la règle de nos grands-mères selon laquelle il ne fallait « rien manger avant de prendre un bain » est toujours valable.

Faites attention à la couleur de votre visage !

6

La couleur du visage est un indicateur important pour savoir si vous supportez le bain ou pas. Une couleur plus pâle que d'habitude peut signaler une chute de tension. Il en va de même si des sueurs froides apparaissent. Si vous avez une tête écarlate, c'est aussi un signal d'alarme. Il indique une poussée de température. Dans les deux cas, vous devez interrompre votre bain.

Prenez garde à "l'heure du bain"

7

Peu de gens savent que la température du corps change au cours de la journée. C'est ainsi que l'organisme se réchauffe entre 3 h et 15 h. Alors que la température corporelle monte, la sensibilité des extrémités au froid augmente elle aussi. Si vous prenez un bain à ces heures-là, ne terminez pas par une douche froide.

La chair de poule, une réaction physique négative

8

Si vous avez des frissons ou la chair de poule quand vous prenez un bain tiède ou chaud, sortez de l'eau. De même, un pouls trop rapide signifie que le corps ne réagit pas comme il le devrait.

Taille, poids, sexe : faites le bon calcul !

9

Plus une personne est grande et grosse, moins son corps emmagasine de chaleur. Cela signifie que les gens corpulents supportent quelques degrés de plus que les personnes minces et petites. Si des partis "inégaux" partagent un bain, il faut choisir la température qui leur convient à tous les deux. La température idéale peut s'écarter de la norme chez les personnes très âgées et les enfants. Il n'existe pas de sensibilité particulière à la température selon le sexe, toutefois, les femmes réagissent davantage à la chaleur avant leurs règles.

Prendre son pouls avant de prendre un bain

10

Si vous savez que votre tension est élevée ou faible, mesurez-là avant le bain. Par ailleurs, veillez à avoir les pieds chauds et savonnez-vous pour que les sécrétions et le sébum concentrés sur l'épiderme n'empêchent pas les substances actives de pénétrer dans la peau.

Ne jamais pratiquer seul la balnéothérapie

11

Si vous souhaitez vous détendre en prenant un bain curatif assez puissant, la prudence est de rigueur. Comme la réaction du corps n'est jamais tout à fait prévisible, il faut éviter d'être seul. Le plus sage est de convenir d'un signal pour obtenir du secours. En allant vous coucher, juste après, buvez deux verres d'eau minérale non gazeuse avant de vous glisser dans les draps chauds.

Les bains trop chauds avec des additifs stimulants peuvent leur être néfastes. À la fin de la grossesse, en revanche, un bain chaud procure la meilleure détente possible : comme les muscles se détendent, les contractions disparaissent. Les contractions véritables (celles de l'accouchement) en revanche risquent d'être intensifiées par le bain. C'est pourquoi il faut discuter de son utilité et des risques qui lui sont liés avec son gynécologue.

Plonger dans le bain, un délice !

Tous les bains, y compris ceux que l'on prend chez soi, sont un facteur important de bonne santé physique. Cependant, seuls ceux qui connaissent les subtiles différences entre les bains peuvent en appréhender la diversité.

Les différentes formes de bains se distinguent par la quantité d'eau qu'elles nécessitent et par leur température. Un thermomètre est donc absolument nécessaire.

Pour commencer, on distingue le demi-bain (ou bain partiel) et le bain intégral. Comme leur nom l'indique, le premier se prend dans une baignoire remplie à demi, le second dans une baignoire pleine. Un demi-bain nécessite 100 à 150 litres d'eau, une baignoire pleine entre 200 et 300 litres. On fait une seconde distinction en fonction de la température. On parle alors de bain chaud, de bain froid, de bain à température croissante et de bains chauds et froids alternés.

Les différentes formes de bains se distinguent par la quantité d'eau qu'elles nécessitent et par leur température. Un thermomètre est donc absolument nécessaire.

Bain chaud

En prenant un bain chaud, on approvisionne le corps en chaleur et on favorise la sudation. Elle stimule le métabolisme et entraîne une meilleure élimination des toxines. Les vaisseaux sanguins et les muscles se relâchent, ce qui provoque une baisse de tension et une sensation de douce somnolence. Pour obtenir ce résultat, il faut prendre un bain à 38 °C et rester dans l'eau de 15 à 20 minutes.

Bain froid

Le bain froid n'est bénéfique que si le corps a emmagasiné assez de chaleur. Le froid dope le métabolisme, la circulation sanguine, le système nerveux et les défenses immunitaires de l'organisme. Les bains froids supposent une température de 12 à 15 °C et ne doivent pas excéder une durée de 5 à 25 secondes.

Bain à température croissante

Ce bain donne un véritable coup de fouet à l'organisme : au début, l'eau est à peu près à 35 °C puis on ajoute de l'eau très chaude et en 10 minutes le thermomètre atteint entre 39 et 41 °C. On se met à transpirer, les tensions se dénouent. Toutefois, au bout de 15 à 20 minutes, il faut sortir de l'eau. La suée indique qu'il est temps de s'arrêter. Ensuite, on se rince à l'eau froide et on reste allongé pendant une demi-heure.

Bain chaud et froid alterné

Cette forme de bain renforce les défenses immunitaires et constitue une véritable gymnastique pour les vaisseaux. Elle n'est pas très facile à mettre en œuvre car la plupart des gens ne possèdent qu'une seule baignoire. C'est pourquoi on alterne le bain et la douche. La température du bain avoisine les 37 °C et on y reste 3 à 5 minutes. Puis on passe sous la douche

Prendre un bain dans les règles de l'art signifie aussi prendre garde aux réactions de son propre corps et se comporter en conséquence.

où l'on s'asperge d'eau froide pendant 10 à 20 secondes avant de retourner dans la baignoire. Au total, il faut répéter trois fois l'opération.

Le bain brûlant

Le bain brûlant est une exception car il est pratiqué essentiellement en cas de maladie chronique et sous forme de cure. Sa température se situe entre 38 et 40 °C et sa durée peut aller de 10 à 60 minutes. Parmi ses indications, on peut citer la goutte et l'arthrite ou la cellulite dans les soins esthétiques. Tout le monde ne supporte pas ce genre de bain long et très chaud, il faut donc s'abstenir de le pratiquer seul. Il vaut mieux que quelqu'un d'autre soit à proximité afin d'intervenir en cas de besoin.

Disparaître sous des montagnes de mousse

Notez que si vous prenez un bain moussant, vous n'avez pas besoin de savon. Ce dernier ferait disparaître la mousse. Veillez à éliminer toute trace de mousse sous la douche avant de sortir de l'eau.

Le grand classique du bien-être est le bain moussant. À la vue de ces splendides montagnes de mousse, on rêve de s'y plonger ; toutefois, ce type de bain n'est pas très bon pour la peau. Les agents moussants enlèvent le filtre lipidique qui la recouvre et la dessèchent. Certes, quelques produits contiennent aussi des principes "relipidants" qui empêchent ce processus. Malheureusement, c'est alors la mousse qui fait les frais de cette solution moins agressive pour la peau car elle a du mal à se former. Ces produits s'appellent des "bains crèmes moussants". Pour prendre un bon bain bien moussant, il faut l'amorcer dans les règles. On verse d'abord 15 à 20 ml de produit dans la baignoire vide puis on fait mousser avec la pomme de douche. Plus la mousse est solide, plus l'eau reste chaude au-dessous.

Prendre un bain et entretenir sa santé

Le bain dans l'eau est déjà très bénéfique en soi, mais on peut nettement renforcer son action en y ajoutant des traitements. Plus ils sont naturels, plus le bienfait qu'on en retire est grand. C'est ce que nous allons montrer à l'aide de plusieurs exemples.

Les bains bouillonnants sont particulièrement agréables. Un simple tapis pour bain bouillonnant suffira à transformer en un tournemain votre baignoire en bassin de massage. Beaucoup d'entre vous connaissent très probablement les bienfaits du massage subaquatique parce qu'ils l'ont testé à la piscine, par exemple. Dans ce type de massage, le corps est stimulé à certains points précis. Dans les bains à remous en revanche, la pression se répartit sur l'ensemble du corps grâce à une stimulation thermique et mécanique de la peau. Les résultats obtenus sont considérables : ces bains stimulent la circulation, ils ont des effets excellents sur le système neurovégétatif, ils améliorent la respiration et favorisent la guérison après les accidents. On constate aussi des impacts esthétiques puisqu'ils agissent comme un peeling naturel, retendent la peau et font travailler les muscles.

Il vaut mieux éviter ce type de bain si vous souffrez de problèmes cardio-vasculaires, d'hypertension ou de tachycardie, ou encore d'inflammation cutanée, en cas de grossesse et si vous avez tendance aux varices et autres problèmes veineux.

LE TRIOMPHE DE LA THALASSOTHÉRAPIE

Par sa force originelle, la mer, berceau de notre existence, nous fournit une eau de bain très particulière. Dans un litre d'eau de mer, on trouve 35 grammes de sels dissous qui associent dans de justes proportions tous les oligoéléments, les minéraux et les composés salins dont l'homme a besoin.

La médecine de la mer appelée thalassothérapie tire parti de la richesse de l'océan.

La première station balnéaire fut installée en 1730 à Scarborough au bord de la mer du Nord. Dès 1843, on en comptait 30 en Angleterre sur les bords de la Manche, 19 sur la côte Atlantique et 18 autres sur les bords de la mer du Nord. S'y ajoutaient l'Irlande et l'Écosse qui en possédaient 10 chacune. Le Dictionnaire français des stations balnéaires d'Europe en recensait déjà 80 pour la France en 1865 !

À l'époque, la thalassothérapie servait surtout à traiter les rhumatismes, les problèmes moteurs et les maladies de peau. De nos jours, si l'on veut profiter des vertus thérapeutiques de la mer, il n'est plus nécessaire d'aller sur place. Les techniques de production les plus modernes ont en quelque sorte permis d'amener la mer à domicile grâce à d'excellents produits très concentrés. Ainsi, à longueur d'année, nous pouvons sans difficulté nous soigner chez nous en utilisant tout l'éventail des produits marins : sel de mer, plancton, algues, sédiments marins, boue et vase.

Les produits marins ne nécessitent pas de précautions particulières sauf en cas de dysfonctionnement de la thyroïde ou bien d'allergie connue à l'iode.

Température de l'eau pour les bains aux algues marines

Température	Effet
De 25 à 30 °C – tiède	Tonifiant et stimulant
De 31 à 34 °C – chaud	Calmant et équilibrant
De 35 à 36 °C – bien chaud	Relaxant, mais seulement pour les gens bien portants
De 37 à 38 °C – brûlant	Favorise la perte de poids et combat la cellulite (déconseillé en cas de problèmes cardiaques)

Employée comme il se doit, la thalassothérapie à domicile est une méthode de soins excellente. La seule restriction concerne les gens allergiques à l'iode ou atteints de troubles thyroïdiens. Ils doivent se rabattre sur des produits marins qui ne contiennent pas d'iode. Le traitement par thalassothérapie est tout à fait indiqué dans les états de grande fatigue, après une opération ou un accident, pour accroître les performances des sportifs, pour surmonter le stress et pour se reposer au sens large du terme. Mais la thalassothérapie peut aussi faire des miracles en cas d'atteinte des voies respiratoires du type inflammation des sinus, bronchite, affections rhino-pharyngées et asthme bronchique. On l'emploie également avec succès pour guérir les maladies de peau comme l'acné ou la couperose, pour traiter les rides, le vieillissement précoce de la peau ainsi que la cellulite, la surcharge pondérale et les maladies gynécologiques.

Il est conseillé de pratiquer la thalassothérapie en cure, deux à trois fois par semaine. On commence par un bain de 5 minutes puis on augmente progressivement la durée jusqu'à 20 minutes.

Les huiles essentielles : baignez-vous dans les parfums !

Beaucoup de gens négligent le sens de l'odorat. Pourtant, les parfums ont souvent une grande influence sur nos humeurs et nos sentiments, même si nous en avons rarement conscience.

Détendez-vous et installez-vous confortablement dans votre fauteuil, songez au parfum de l'herbe fraîchement coupée dans un pré. Fermez les yeux et savourez l'odeur du café qu'on vient de moudre. Le simple fait de penser à des odeurs agréables relaxe l'esprit et le corps reçoit alors des impulsions qui suscitent le bien-être.

Petite sélection d'huiles essentielles

Huile essentielle (HE)	Quelques applications
Aiguille d'épicéa	Rhume, nervosité, stress
Anis	Estomac, digestion
Basilic	Infection intestinale, dépression, spasmes
Bergamote	Angoisse, dépression
Bois de santal	Aphrodisiaque, asthme, nausée
Cannelle	Rhume, contractures
Cardamome	Maux de tête, brûlures d'estomac
Citron	Troubles circulatoires, douleurs musculaires
Eucalyptus	Asthme, rhume des foins, toux, migraine
Fenouil	Bronchite, digestion
Genévrier	Problèmes cutanés, cellulite, lumbago
Géranium	Acné, eczéma, plaies, troubles menstruels
Jasmin	Aphrodiasiaque, syndrome prémenstruel
Lavande	Acné, problèmes de peau, élongations musculaires
Marjolaine	Règles douloureuses
Mélisse	Maux de tête, stress, troubles liés à la ménopause
Menthe	Rhume, crampes d'estomac et problèmes digestifs, migraine, courbatures
Millepertuis	Angoisse, dépression, hystérie
Néroli	Dépression, insomnie
Orange	Nervosité, insomnie, stress
Patchouli	Aphrodisiaque, angoisse, dépression
Racine d'angélique	Renforce le système immunitaire
Romarin	Rhumatismes, goutte, douleurs musculaires
Rose	Aphrodisiaque, problèmes gynécologiques
Sauge	Asthme, maux de gorge, enrouement, douleurs gingivales
Tea-Tree	Problèmes de peau, antifongique
Thym	Angoisse, bronchite, fatigue nerveuse, circulation sanguine
Vétiver	Fatigue nerveuse, système immunitaire
Ylan-ylang	Aphrodisiaque, infection intestinale

Certaines huiles essentielles (HE), en particulier le camphre, la menthe poivrée, le thym et la camomille peuvent diminuer ou annuler les effets des médicaments homéopathiques.

Notre odorat est malheureusement le moins valorisé de nos cinq sens. Chez l'être humain, le sens olfactif joue plutôt un rôle secondaire par rapport à l'ouïe et la vue par exemple. Avec l'aromathérapie, on accorde à nouveau une certaine importance à la perception consciente des odeurs. Pour tirer parti de ces merveilleuses sensations olfactives et ainsi contribuer à notre bien-être quotidien, on recourt aux huiles essentielles. C'est ainsi qu'on désigne les substances végétales aromatiques qui, une fois libérées dans l'atmosphère, s'évaporent au lieu d'être recyclées dans le processus de la photosynthèse. Presque toutes les plantes ont leurs propres essences, elles leur servent à attirer les insectes et à éloigner les bactéries, les champignons et les parasites. Le pourcentage d'huiles essentielles contenues dans les plantes varie de 0,01 à 10 %.

Une huile essentielle contient parfois jusqu'à cent substances différentes qui ne peuvent produire leur senteur spécifique que dans cette combinaison précise. D'où la diversité énorme des effets qui en résultent. Le plus souvent, on constate des propriétés antiseptiques, antibiotiques et stimulantes pour le système immunitaire. Par ailleurs, il existe aussi des huiles "spécialistes" qui exercent une action salutaire sur des organes précis. La sauge, par exemple, soigne la bouche et le pharynx, le thym calme la toux.

L'aromathérapie fait un usage ciblé des huiles essentielles. Pour cela, elle puise dans un catalogue d'environ deux cents huiles. Ces dernières sont répandues dans la pièce par des diffuseurs et inhalées ou bien mélangées à des bases d'huiles végétales et appliquées sur la peau. On peut aussi les utiliser dans le bain. Dans ce cas, les substances aromatiques pénètrent dans le corps par les voies respiratoires ou par voie cutanée. Pour préparer un bain aromatique, on verse quelques gouttes d'huiles essentielles dans sa baignoire préalablement remplie, sachant que la quantité d'huile dépend de sa puissance et de la quantité d'eau contenue dans la baignoire. Par ailleurs, il est recommandé d'utiliser l'huile essentielle avec un produit de base, c'est à dire de diluer l'huile concentrée dans une cuillère à soupe de crème ou de miel. Un peu d'huile végétale ou de savon neutre peuvent aussi faire office d'émulsifiant. La poudre d'algue est également adaptée à cet usage, en particulier l'algue *lithothamnium calcareum* très riche en calcium.

Pas de rose sans épine, pas d'huile essentielle sans éventuel effet secondaire. Les huiles susceptibles de provoquer des allergies sont celles de citron, de laurier, de cannelle. Si vous avez tendance à l'épilepsie, n'employez pas les essences suivantes : basilic, fenouil, camphre, menthe

L'odorat est notre sens le plus sensible et le plus développé. À l'intérieur des fosses nasales, à peu près à hauteur des yeux, notre muqueuse recèle des deux côtés des millions de cellules olfactives, de cellules basales et de cellules de soutien qui se renouvellent tous les vingt-huit jours. Chacune comporte six à huit cils vibratiles équipés de capteurs juste assez grands pour laisser passer les molécules aromatiques – une vraie merveille de la nature.

poivrée à feuilles dentelées, sauge, thuya, hysope, absinthe, cèdre et cyprès. D'autres huiles font monter la tension, c'est pourquoi il faut éviter celle de sarriette des montagnes, d'origan, de thym, de romarin, d'hysope, de sauge et de thuya à doses élevées ou du moins les manier avec précaution.

Pendant la grossesse, il faut être très prudent avec les huiles essentielles et ne jamais employer celles de fenouil, de camphre, de livèche, de mélisse, de menthe, de noix muscade, de romarin, de thym, de sauge, d'hysope et de cannelle.

Les accessoires : indispensables !

Bien entendu, quelques ustensiles sont nécessaires pour agrémenter le bain. Par exemple des serviettes douillettes. Elles peuvent être toutes blanches. Mais dans le commerce on en trouve de très belles avec des motifs qui sont un régal pour les yeux. Réfléchissez bien pour savoir si ce luxe n'est pas susceptible d'accroître votre plaisir. Le sèche-serviettes est un luxe utile. En règle générale, il s'agit d'un radiateur plus ou moins grand sur lequel on accroche les draps de bain que l'on retrouve agréablement chauds par la suite.

Pour votre sécurité, vous devez impérativement vous équiper d'une sortie de bain antidérapant et d'un tapis antidérapant dans votre baignoire. Pensez aussi à installer une poignée solide sur le mur à côté de la baignoire. On peut glisser plus facilement qu'on ne croit et cela n'arrive pas seulement aux personnes âgées et fragiles. Le thermomètre est indispensable car, pour de nombreux types de bains, il faut maintenir une température précise.

Le coussin de bain (à ventouses) n'est pas une nécessité absolue, vous serez cependant récompensé de cette dépense modique par un petit supplément de confort. Quant à la chaîne hi-fi portable, vous n'êtes pas obligé de l'acheter spécialement pour la salle de bains. Habituellement, elle sert aussi dans la cuisine. Pour des raisons de sécurité, dans la salle de bains, il est préférable d'utiliser un appareil alimenté par des piles.

La pomme de douche avec pression et jet d'eau variables est un accessoire pratique. Si vous n'en possédez pas encore, il est facile de remplacer la vôtre par une belle pièce de ce genre. Elle ne constitue pas un luxe, c'est un outil essentiel à la balnéothérapie.

Douche : la formule rapide

La douche est aujourd'hui un bon substitut du bain. Elle va plus vite et elle est plus hygiénique. Du point de vue médical, elle s'apparente aux douches de Kneipp à ceci près qu'en général, on "traite" tout le corps et pas uniquement certaines parties. L'action très saine de la douche – déjà reconnue par les Grecs – dépend de la température et de la pression de l'eau. Vous avez le choix entre les possibilités suivantes :

- Les douches froides activent la circulation sanguine et endurcissent le corps. Cependant, elles ne doivent pas excéder une durée de 20 à 30 secondes. En sortant, on se sèche bien en se frictionnant avec sa serviette. En été, les douches à température décroissante sont très rafraîchissantes. On commence par s'asperger avec une eau à 25 °C, on passe à 23 °C au bout d'une minute puis à 20 °C au bout de la deuxième minute.

- Les douches chaudes se prennent à une température de 38 à 41 °C et doivent durer entre 5 et 10 minutes. Elles dopent le métabolisme, font baisser la tension et dénouent les muscles.

- Les douches chaudes et froides alternées sont surtout utiles le matin pour se réveiller. On commence toujours par une douche chaude (entre 38 et 40 °C) puis on diminue progressivement la température au bout de 5 minutes jusqu'à ce que l'eau devienne froide. Après avoir passé 10 secondes sous le jet d'eau froide, on reprend la douche chaude, cette fois pendant 3 minutes. L'opération doit être répétée deux à trois fois. Elle se termine systématiquement par une douche froide.

À l'origine, la douche avait pour but de laver le plus de gens possible le plus rapidement possible. Les avantages de cette méthode furent découverts beaucoup plus tard.

Le sauna : transpirer pour entretenir sa santé

Pour se détendre complètement, purifier le corps et retendre la peau, rien de tel qu'un petit tour au sauna. Certes, transpirer dans une étroite cabane en bois ne plaît pas à tout le monde mais les bienfaits qu'on en retire sont inégalables.

Le procédé qui consiste à transpirer sous l'effet d'une chaleur humide ou sèche a plusieurs milliers d'années. L'historien grec Hérodote décrit aux alentours de 450 avant J.-C. les usages des Scythes en matière de toilette. Voici ce qu'il écrit : « Ils plantent dans le sol trois barres dont ils font se rejoindre la pointe. Ils posent dessus une couverture de feutre qu'ils tendent soigneusement. Ensuite, ils jettent des pierres tout juste sorties du feu dans un bassin posé au centre de la tente, à même le sol. Puis ils entrent sous la tente et jettent des graines de chanvre sur les pierres brûlantes. Elles provoquent une vapeur énorme, aucune étuve grecque ne peut rivaliser avec cette installation. Mais les Scythes raffolent de cette vapeur. Ils utilisent cette méthode à la place du bain qu'ils ne pratiquent pas du tout. »

Cette méthode selon laquelle on sue grâce à une chaleur humide ou sèche, forçant ainsi le corps à perdre de l'eau et éliminer les toxines remonte au bain de vapeur fonctionnant avec des pierres, une invention très ancienne. Pour prendre ce bain, on chauffait des pierres dans un foyer. Sur ces pierres, on jetait de l'eau, elle se transformait

immédiatement en vapeur, ce qui permettait de maintenir la température dans l'étuve, même si les pierres refroidissaient peu à peu.

On comprit très vite l'avantage de cette technique. En règle génércle, on ne transpirait pas plus de 15 à 20 minutes. Et l'organisme supportait la température élevée sans la moindre difficulté, le cœur et la tension ne subissant aucun préjudice. Ainsi, le bain de vapeur acquit très tôt une grande popularité car il était bien toléré, même par des gens âgés ou diminués physiquement.

Le bain russe se déroulait à l'origine dans une hutte en bois avec des bancs supperposés. Dans la "*bania*", la température se situe entre 40 et 50 °C. On humidifie l'air en versant continuellement de l'eau sur des pierres brûlantes. L'air est tellement humide que, bien souvent, cn voit se former des gouttelettes d'eau. 50 °C est la température maximale que l'on puisse supporter. Avec un tel degré d'humidité, des températures plus élevées seraient intenables. On transpire mais la très forte humidité ambiante empêche la sueur qui s'accumule sur la peau de s'évaporer.

Notre bain de vapeur moderne s'inspire de la *bania* mais l'humidification de la pièce se fait grâce à un appareil placé à l'extérieur qui souffle de la vapeur à l'intérieur à intervalles réguliers.

Le sauna – le mot vient de Finlande où l'on pratique cette forme de bain depuis des siècles, particulièrement sur les rives des fleuves ou des lacs qui sont bordés de petites maisons en bois – fonctionne grâce à de la vapeur sèche. La température de la pièce peut monter jusqu'à 100 °C, l'humidité de l'air est très limitée. En versant de temps en temps un peu d'eau sur les pierres du foyer (on appelle cela la "projection d'eau"), on humidifie l'air brièvement. La pièce est tout en bois et équipée de gradins. En règle générale, on commence par s'installer sur celui du bas puis on passe au niveau supérieur après quelques minutes.

C'est parce qu'on se brûle beaucoup moins facilement sur du bois chaud que sur de la pierre que le revêtement mural et les bancs du sauna sont toujours en bois et non en carrelage comme dans le bain de vapeur où la température est plus basse. Comme l'air est très sec, la transpiration peut s'évaporer. Ce phénomène rafraîchit la peau et lui évite de devenir trop chaude.

Le bain irlandais est également un bain de vapeur mais il ne s'y produit pas de brume parce qu'on introduit de l'air frais dans la pièce. Le bain russo-romain combine pièce à atmosphère chaude et étuve juste après. Entre les deux, on plonge dans un bassin d'eau chaude qui subit lui aussi des variations de température.

En Amérique du Nord, il existe des "huttes sauna", appelées *sweat lodges*. Elles sont faites de barres en bois inclinées sur lesquelles reposent des couvertures et des peaux d'animaux isolées de l'extérieur avec de la terre, de l'herbe et de la tourbe. La chaleur est produite grâce à des pierres que l'on chauffe dans le foyer au centre de la hutte.

Dans le hammam turc, on dispose d'une pièce à atmosphère chaude (40 °C) et d'une pièce à atmosphère très chaude (50 °C). Dans la première est installée une table de massage en pierre. Le massage fait partie intégrante de la séance.

Dans le sauna, on pratique aussi les "projections d'eau". L'eau est y versée sur les pierres brûlantes pour se transformer en vapeur. Cela augmente l'humidité ambiante et favorise la sudation. Il est possible d'ajouter diverses huiles essentielles à ces projections.

Un résultat garanti

Mais en quoi consiste précisément l'action de cette "caisse à transpirer" ? Vous exposez le corps à de grandes variations de températures. Il est d'abord soumis à une forte chaleur puis au froid. Cela paraît rude mais cela convient à l'organisme. Dans le sauna, les pierres brûlantes font monter le thermomètre jusqu'à 90 °C environ. Il n'est pas étonnant que le corps ait besoin de "s'aérer". C'est ce qu'il fait lorsqu'il transpire. Les pores s'ouvrent et la sueur se dépose sur l'épiderme. Grâce à l'atmosphère sèche du sauna, elle s'évapore ce qui permet à la peau de se refroidir (sa température a augmenté de 10 °C). C'est ainsi que nous parvenons à supporter la chaleur. Pour profiter au maximum de la sudation, il faut entrer dans le sauna avec une peau propre et sèche. Une couche de crasse ou d'humidité risquerait d'obstruer les pores et d'empêcher la transpiration.

L'effet purifiant du sauna résulte de la transpiration et de la température élevée. Les petites peaux mortes ressortent et se détachent plus facilement de la surface de l'épiderme. Mais pour obtenir vraiment des résultats, il faut faire un peeling avant, dans la mesure du possible un peeling mécanique en frottant la peau ou en effectuant un massage par pincement de l'épiderme. Cela adoucit la peau. Par ailleurs, la chaleur intense liquéfie le sébum, ce qui nettoie les pores en profondeur. La transpiration permet aussi d'éliminer de petites quantités de toxines. Elles sont évacuées à un degré bien plus important par l'intermédiaire des reins dont l'activité est stimulée dans le sauna.

La pratique régulière du sauna dans les mois d'hiver prévient les rhumes.

10 RÈGLES POUR SE DÉTENDRE AU SAUNA

1

SE LAVER AVANT D'ALLER AU SAUNA

Une séance de sauna commence toujours avec de l'eau et du savon. Prenez une douche, savonnez-vous très soigneusement puis séchez-vous en vous frottant avec une serviette en éponge. Cette règle n'est pas une vétille, elle est la condition *sine qua non* pour permettre la transpiration. La crasse qui recouvre l'épiderme ne ferait qu'obstruer les pores et gêner la sudation.

2

LES PIEDS FROIDS SONT BANNIS

N'allez jamais au sauna avec les mains ou les pieds froids. Vous ne transpirerez vraiment que si la température est homogène. Alors prenez d'abord un bain de pieds. Laissez vos pieds tremper jusqu'à ce que vous les sentiez bien réchauffés.

3

LA NUDITÉ EST DE RIGUEUR

Avant d'aller au sauna, vous devez vous déshabiller. Ici, la nudité est obligatoire et cela ne trouble personne. Il est possible que cette règle rebute quelqu'un qui ne connaîtrait pas cette pratique et cette atmosphère décontractée. Mais même les gens d'ordinaire très timides constatent dès leur première expérience que, la nudité est très banale dans ce lieu. Comme tout le monde est nu, cela exclut le voyeurisme.

4

SE SOUCIER DE L'HYGIÈNE

Munissez-vous d'un drap de bain. Étalez-le de façon à ce qu'il recouvre entièrement la surface que vous occupez quand vous êtes assis ou couché. D'abord parce que le bois du banc est beaucoup trop chaud pour s'installer dessus – la serviette atténue la chaleur – et deuxièmement parce que ce ne serait pas hygiénique si tout le monde s'asseyait nu sur le banc.

5

NE SOYEZ PAS TÉMÉRAIRE

Restez dans le sauna seulement tant que vous vous sentez bien. La témérité n'a pas sa place ici. Pour certains, 5 minutes suffisent, d'autres tiennent 20 minutes. La sudation commence au bout de 8 minutes.

6

Assis ou allongé ?

À vous de voir si vous préférez être assis ou allongé. Sachez toutefois que la position horizontale peut faire légèrement baisser la tension ce qui provoque parfois des vertiges quand on se relève. Pour éviter un tel désagrément, prenez l'habitude de vous rasseoir toujours très lentement. Cela ne signifie pas que vous êtes faible ou vieux, c'est juste une façon de respecter votre corps.

7

En haut ou en bas : quel banc choisir ?

Pour les non-initiés, les bancs intermédiaires sont les plus adaptés. Plus on se place en hauteur, plus la chaleur est intense. Si vous hésitez, commencez par le banc inférieur puis montez une fois que vous vous êtes habitué à la température.

8

Se refroidir, c'est essentiel

En sortant, passez d'abord par la pièce ventilée puis sous la douche froide. Si vous en avez la possibilité, le mieux est de sortir à l'air libre. Dans ce cas, veillez à prendre quelques inspirations profondes et à laisser entrer l'air frais dans vos poumons. Souvent, des affusions sont également proposées. Quant au bassin d'eau glacée, il est réservé aux natures résistantes. Évitez les imprudences !

9

Se doucher dans les règles

Pour vous refroidir, commencez par vous asperger les pieds puis remontez progressivement avec la pomme de douche. En effet, la chaleur fait affluer le sang dans les pieds. Si vous les passez à l'eau froide, les vaisseaux se resserrent et le sang reflue vers le haut du corps.

10

Se reposer et se détendre

Vous devez passer autant de temps à vous refroidir et à vous reposer qu'à transpirer dans le sauna. Au total, alternez le chaud et le froid trois fois de suite. Ensuite, reposez-vous pendant au moins une demi-heure.

La chaleur du sauna accélère la circulation et assure une bonne irrigation du corps. Les vaisseaux se dilatent et les tissus sont mieux irrigués. Ce processus améliore forcément les processus nutritifs dans tout l'organisme. Les anti-corps sont mobilisés et les germes éliminés.

Le rituel

Ne vous attardez ni dans le sauna ni dans le bain de vapeur et surtout veillez à respecter chaque étape.

Évitez de vous exposer à cette chaleur intense plus de 15 minutes. Soyez à l'écoute de votre corps et n'allez pas trop loin. restez tant que vous vous sentez bien. Si ce n'est plus le cas, cela veut dire qu'il faut sortir immédiatement !

L'étape suivante consiste à se refroidir peu à peu. Elle commence dans une pièce bien aérée car à présent, le corps a besoin de beaucoup d'oxygène. Respirez plusieurs fois calmement et profondément afin de refroidir aussi les poumons. Puis prenez une douche froide et si vous le supportez, plongez dans le bassin d'eau glacée. Pour le novice, cette étape semble barbare, mais après avoir eu très chaud, on y prend un grand plaisir. Par la suite quand on ressort du bassin, on n'a pas froid du tout – au contraire, cette immersion est incroyablement tonifiante et rafraîchissante. Certains saunas disposent aussi de piscines d'eau froide. Se refroidir en nageant fait un bien fou car cela permet au corps de se remuer, on est alors envahi par un grand bien-être et une douce chaleur.

Après une séance de sauna, un coup d'œil sur la balance révèle une perte de poids significative. Elle n'est que provisoire car les réserves en eau doivent être reconstituées.

L'eau nous lave de tout ce que nous avons expulsé en transpirant. Sous l'effet du froid, les vaisseaux se resserrent. Et cette alternance entre la chaleur intense et le froid est une véritable gymnastique veineuse. L'organisme s'adapte plus facilement aux variations de la température extérieure. Voilà pourquoi le sauna rend plus résistant.

Il faut renouveler l'alternance entre le chaud et le froid une à deux fois maximum. À chaque fois, passez autant de temps (ou mieux un peu plus de temps) à vous refroidir et à vous reposer qu'à vous exposer à la chaleur.

Ensuite vous devez observer une phase de repos. Pour une séance de sauna, prévoyez un large créneau horaire – de deux à trois heures voire

même davantage. Après, vous devez reconstituer vos réserves en eau, autrement dit boire beaucoup, en évitant de préférence l'apport calorique. Pendant que vous êtes dans le sauna, il vaut mieux ne pas boire, sinon voilà ce qui risque de se produire : pendant que vous transpirez, le liquide et par conséquent les toxines passent des cellules dans le sang. Si vous vous réhydratez, le sang ira prendre le liquide dont il a besoin dans l'intestin au lieu de vider les tissus de leur eau, en d'autres termes le processus d'élimination des toxines ne se fera pas.

La pratique du sauna convient (presque) à tout le monde. En Finlande, par exemple, même les enfants et les femmes enceintes fréquentent le sauna. Du reste, pour celles qui s'y rendent régulièrement, cela ne pose aucun problème. Si, en revanche, vous n'êtes pas habituée à cette gymnastique vasculaire, ne vous sentez pas obligée de commencer pendant la grossesse. Quant aux enfants, ils doivent s'adapter peu à peu à ces températures élevées, aussi est-il plus prudent de ne pas les exposer à la température maximale dès la première fois.

Il n'existe pas de limite d'âge supérieure quand on veut pratiquer le sauna. Si, en vieillissant, vous conservez une bonne condition physique, vous pouvez continuer. En revanche, plus on s'initie tard à ce rituel, plus il faut prendre de précautions.

Le sauna n'est pas toujours conseillé

Tous ceux qui souffrent des problèmes de santé énoncés ci-dessous doivent s'abstenir d'aller au sauna :

- Maladies aiguës accompagnées de fièvre
- Troubles graves et chroniques de la circulation
- Inflammations, en particulier celles de la peau, des organes intérieurs et des vaisseaux
- Tuberculose pulmonaire en voie de guérison
- Épilepsie ou crises s'apparentant à des accès d'épilepsie
- Importantes altérations de la fonction hépatique ou rénale
- Hypertension
- Importantes séquelles neurovégétatives
- Troubles vasculaires cérébraux.

Bien entendu, on peut aussi commettre beaucoup d'erreurs dans un sauna, son action risque alors de s'inverser et de devenir néfaste. Si vous entrez dans le sauna avec les pieds froids, vous aurez peut-être des maux de tête. Il vaut mieux vous autoriser d'abord un bain de pieds pour vous réchauffer. Il ne faut pas aller transpirer si vous avez le ventre plein et que vous êtes pressé : le corps doit être quasiment débarrassé de stress physique et psychique. Sinon, vous pouvez être pris de nausées. Avoir la peau mouillée (en sortant de la douche) ou être installé sur une serviette humide limite la sudation. Il ne faut pas abuser des projections d'eau : une seule suffit quand vous êtes dans le sauna, au-delà, cela peut être nocif. Après votre dernier tour dans le sauna, n'utilisez pas de savon : vous détruiriez la pellicule acide protectrice de la peau. Et ne restez pas trop de temps dans le sauna ou n'y allez pas lorsque vous avez trop chaud : vous pourriez avoir des problèmes circulatoires. Pour finir, après la séance, ne rentrez chez vous qu'une fois bien refroidi, sans quoi vous risquez d'attraper un mauvais rhume.

Pourquoi le bain est-il bon pour la santé ?

L'élément liquide est vital pour l'homme. Ce dernier est constitué à 60 % d'eau, elle baigne chacune de ses cellules. Les substances nutritives, les enzymes, les hormones et les produits issus du métabolisme sont dissous

dans l'eau, qui les véhicule dans tout le corps. Elle est donc étroitement liée à tous les processus vitaux.

Nous avons besoin d'absorber du liquide pour survivre. Par ailleurs, le bain nous permet de restaurer notre capital santé. La médecine reconnaît les vertus thérapeutiques de l'eau au moins depuis les recherches du prêtre Sebastian Kneipp (1821-1897), considéré comme le père de l'hydrothérapie. Aujourd'hui encore, les bains, les douches et les ablutions restent étroitement liés à son nom. En partant de sa propre expérience douloureuse, il a découvert que les traitements par l'eau pouvaient mettre en branle les mécanismes des défenses immunitaires.

Le jeune Sebastian Kneipp était atteint de tuberculose. Grâce à des soins d'hydrothérapie, il réussit à vaincre cette maladie.

Voici les zones principales sensibles aux stimulations de l'eau et de la température :

Tout d'abord, les vaisseaux. La chaleur les dilate, le froid les resserre. Les exposer régulièrement à ces excitations contradictoires augmente leur souplesse. C'est excellent pour la circulation.

Le cœur et la tension sont aussi influencés par les sensations thermiques. Plus un bain est chaud ou froid, plus le cœur a besoin de s'activer. Cette gymnastique, très bénéfique pour un organisme sain, met inutilement à l'épreuve les gens qui ont un appareil cardio-vasculaire fragilisé.

Le système nerveux a pour fonction de transmettre les stimulations – notamment celles provoquées par l'hydrothérapie – dans tout le corps. Ces impulsions soumettent les défenses immunitaires de l'organisme à une sorte d'entraînement. Les muscles se détendent sous l'effet de la chaleur et sont mieux irrigués. Grâce à cela, les tensions se dénouent.

Pour conclure, citons un autre effet du bain : en respirant plus profondément, on apporte au corps plus d'oxygène – c'est un bienfait supplémentaire pour la santé.

Il est évident que le bain n'est pas seulement un rituel de purification, c'est aussi une fontaine de jouvence pour le corps et l'esprit. Alors n'attendez plus, entrez dans le plus petit centre d'hydrothérapie du monde : votre propre salle de bains.

L'époque où l'on se contentait de plonger dans son bain et de se frotter avec du savon et de l'eau claire est révolue. Lorsque les produits pour le bain devinrent à la mode, l'offre se limitait au fameux bain aux aiguilles d'épicéa ou au très frivole bain moussant. Entre-temps, les choses ont bien changé. Aujourd'hui, on connaît d'innombrables recettes combinant les ingrédients les plus variés à des fins les plus diverses. De nombreux problèmes de santé trouvent une solution grâce à une préparation à base d'herbes et de plantes médicinales très puissantes. Toutefois, le bain n'a pas seulement une vocation thérapeutique. Les bains aux algues, aux plantes et aux huiles essentielles libèrent du stress physique et conduisent le corps et l'esprit à un bien-être absolu ; ils dénouent les tensions intérieures et extérieures et éveillent même le désir sexuel. Les mélanges que vous trouverez dans les pages suivantes répondent à chacune de vos attentes.

99 Bains pour votre bien-être

Le bain de pieds : un bienfait et une thérapeutique

Ne sous-estimez pas les pouvoirs d'un bain de pieds : il convient d'observer certaines règles si vous voulez en retirer les bienfaits et éviter les ennuis de santé. Quel que soit le produit utilisé, tout le monde apprécie ce type de bain, surtout après une longue journée de marche ou de station debout. Mais n'oubliez pas que ce rituel, si banal en apparence, a aussi des vertus thérapeutiques. En choisissant les bons additifs, vous vous débarrasserez de nombreux problèmes physiques. Mais attention, comme pour tous les autres bains, conformez-vous impérativement aux consignes.

Le bain froid favorise l'irrigation du pied. Prenez soin de débuter la séance en ayant les pieds bien chauds. Chauffez le lit pour la nuit. Si vous ressentez la moindre douleur en réaction au froid, interrompez le bain immédiatement.

La marche pieds nus dans l'eau, la rosée ou la neige s'apparente au bain de pieds. Pour la pratiquer, il faut être vêtu assez chaudement, et ne découvrir les jambes que jusqu'au genou. Juste après, enfilez de grosses chaussettes et bougez !

Le bain de pieds à température croissante commence entre 34 et 35 °C. Augmentez la température d'un degré par minute. Si vous êtes sujet aux spasmes vasculaires, elle ne doit pas excéder 38 °C. Il faut alors la faire monter plus lentement. La durée du bain atteint 10 à 15 minutes voire plus si le thérapeute l'autorise. Pendant ce bain de pieds, il faut se couvrir pour ne pas avoir froid. Si vous êtes pris d'un accès de transpiration, interrompez immédiatement la séance !

Le bain de pieds chaud et froid alterné constitue une gymnastique idéale pour les vaisseaux si vous souffrez de problèmes circulatoires, de troubles cardiaques neurotoniques et de migraines. Certes, comme il dilate les vaisseaux, il peut exercer une action bénéfique sur les muscles mais, pour les renforcer, il faut bouger, autrement dit faire de la gymnastique ! Au bout de 8 minutes dans une eau entre 36 et 39 °C, les pieds et les mollets sont bien chauds et on peut passer au bain froid, un bain à 20 °C, où l'on reste 10 à 15 secondes en remuant énergiquement les membres inférieurs. En règle générale, on alterne trois fois de suite en commençant toujours par un bain chaud et en terminant toujours par un bain froid. Utilisez un thermomètre pour contrôler la température. Elle doit rester la plus constante possible. Ensuite, bougez ou allez vous coucher.

Températures :
Bain de pieds froids : 5 à 10 secondes dans une eau entre 15 et 18 °C
Bain de pieds chauds :10 à 20 minutes dans une eau entre 36 et 38 °C
Bain de pieds à température croissante : 5 minutes dans une eau allant de 34 à 40 °C
Bain de pieds chaud et froid alterné : 10 minutes dans une eau à 36 °C puis 10 secondes dans une eau à 20 °C

Bain intégral et demi-bain

En balnéothérapie, le bain intégral joue le rôle le plus important. Il en existe plusieurs sortes, du bain froid ou chaud dans lequel on s'immerge au bain brûlant en passant par le bain intégral à température croissante. Ces différentes méthodes thérapeutiques sont utilisées de manière ciblée pour traiter les pathologies les plus variées. Chez soi, les règles que l'on doit respecter pour jouir des délices du bain sont évidemment plus simples qu'en balnéothérapie.

La température d'un bain intégral chaud doit toujours osciller entre 34 et 37 °C, mesurez-la à l'aide du thermomètre ! Au cas où vous le préféreriez plus chaud ou plus froid, n'optez pas pour de telles extrêmes si cela ne vous convient pas. Il existe des natures robustes qui supportent sans problème les bains très chauds et s'y plongent avec délice. Mais tout le monde ne les tolère pas, chez certains, ils provoquent des problèmes circulatoires. Alors soyez à l'écoute de votre corps et n'exigez de lui que ce dont il retire un plaisir. Après tout, le bain relaxant à domicile est fait pour procurer des sensations agréables, il ne faut pas qu'il devienne une torture.

Vous pouvez aussi prendre un demi-bain ; dans ce cas, remplissez la baignoire de façon à avoir de l'eau jusqu'à la taille. Il existe aussi des baignoires spécialement conçues à cet effet mais, habituellement, on n'en trouve pas chez les particuliers.

Extraits de plantes pour la balnéothérapie à domicile

Vous pouvez ramasser et traiter vous-même les plantes destinées à vos préparations pour le bain. Consultez des publications spécialisées pour savoir où les trouver, à quel moment les cueillir et comment les couper. Bien entendu vous devez être informé et bien connaître les plantes. On ne peut pas ramasser toutes les plantes qui poussent dans la nature. Certaines sont des espèces protégées.

Ne prenez que les plantes d'excellente qualité et qui n'ont pas été rongées par les insectes. Laissez celles qui poussent à proximité des routes, elles contiennent beaucoup trop de substances toxiques. Coupez-les quand elles sont à maturité. Le meilleur moment pour les ramasser se situe le matin une fois que la rosée s'est évaporée. Il faut cueillir les fleurs au printemps et en été,

quand la floraison commence, les fruits juste avant la période de pleine maturité et les racines à l'automne, car c'est à cette saison qu'elles contiennent de copieuses réserves.

Les parties des plantes qu'on vient de ramasser doivent être traitées rapidement. N'oubliez pas que la tige, les fleurs, les graines et les racines d'une seule et même plante peuvent avoir des effets très différents.

Commencez par les faire sécher. Si vous manquez de temps, vous pouvez les mettre au four à basse température. Coupez les plantes qui poussent en surface de 5 à 8 centimètres du sol et suspendez-les en petits bouquets dans une pièce à l'abri de la lumière. Une fois qu'elles ont séché, transférez-les dans des sacs en papier opaques.

Si vous n'avez rapporté que des fleurs, posez-les sur une feuille de papier propre en prenant soin de les séparer et laissez-les sécher. Les fleurs les plus petites se font sécher directement dans un sachet en papier. Il en va de même pour les graines. Quant aux racines, il faut les nettoyer avec une brosse douce, les essuyer, les couper en petits morceaux et les faire sécher lentement dans une pièce bien chaude ou dans le four que vous aurez préchauffé puis éteint.

Vous pouvez aussi procéder à une sorte de séchage rapide en les mettant entre deux et quatre minutes dans le four à micro-ondes. Il est possible également de congeler le suc des plantes dans un bac à glaçon et d'utiliser ensuite les glaçons.

Comment concocter vos additifs pour le bain ?

Vous pouvez faire tremper les herbes fragiles qui risquent de perdre une partie de leurs principes actifs sous l'effet de la chaleur. Mettez-les dans l'eau pendant douze heures puis pressez-les. Pour 500 ml d'eau, il faut à peu près 25 g d'herbes séchées.

L'infusion est la méthode la plus rapide pour retirer les principes actifs des fleurs et des feuilles. Cependant, vous devez utiliser cette infusion en l'espace de deux jours. Le mieux est de la conserver au frais et à l'abri de la lumière. Versez 500 ml d'eau sur 30 à 40 g d'herbes séchées ou 40 g d'herbes fraîches et arrosez d'eau bouillante. Laissez infuser ce mélange avec un couvercle pendant environ un quart d'heure puis versez-le directement dans l'eau du bain en le filtrant avec une passoire.

Pour les baies et les parties de la plante un peu plus dures comme les petites branches, l'écorce ou les racines, il est conseillé de faire une décoction (pour les feuilles et les fleurs, cela n'est généralement pas nécessaire parce que leurs principes actifs se dissolvent plus facilement dans l'eau). Mettez votre mélange d'herbes coupées en petites morceaux (30 g d'herbes séchées ou 50 g d'herbes fraîches) dans 750 ml d'eau froide, portez à ébullition et laissez réduire jusqu'à ce qu'il reste environ 500 ml d'eau. N'utilisez jamais de casserole en aluminium, ce dernier se mélangerait à la décoction. Employez des casseroles en acier affiné ou en émail.

Les teintures à base d'alcool permettent d'extraire plus efficacement les principes actifs de la plante. Si vous ne supportez pas l'alcool, vous pouvez le remplacer par du vinaigre de fruit.

Mettez 150 à 200 g d'herbes séchées et moulues ou 300 g d'herbes fraîches finement hachées dans un pot en verre avec un couvercle à vis et une ouverture assez large. Remplissez complètement le verre de gin ou de vodka (ne prenez en aucun cas de l'isopropanol ou de l'alcool), fermez le récipient de façon hermétique et secouez-le énergiquement deux fois par jour. Cette préparation doit être entreposée pendant deux semaines dans une pièce bien chaude. Ensuite filtrez-la et versez-la dans une bouteille opaque stérilisée. Une teinture se conserve de un à deux ans à condition de la garder bien fermée.

Le recours aux huiles essentielles

À l'exception de l'huile de lavande, les huiles essentielles ne sont pas solubles dans l'eau. Elles doivent être diluées dans un solvant. Les algues en poudre, très nutritives, constituent le solvant idéal parce que leurs merveilleux principes actifs s'ajoutent aux effets de la préparation. Mais il est possible aussi d'utiliser d'autres produits, par exemple des algues vertes ou blanches en aérosol, de l'eau de mer lyophilisée ou encore du jaune d'œuf extra frais, du lait en poudre, du shampooing ou un savon liquide (gel douche) neutre très nourrissant pour la peau – ce qu'on a plus facilement à portée de main dans une maison. On peut aussi employer des huiles végétales ou des huiles essentielles déjà diluées.

Le mieux est de verser dans une tasse ou un bol le nombre de gouttes d'huiles essentielles (HE) indiqué dans les préparations et de les incorporer au solvant. Les quantités prescrites sont prévues pour une baignoire de taille moyenne. Si la vôtre est plus petite, réduisez le nombre de gouttes, si elle est plus grande, rajoutez une à deux gouttes. Placez cette mixture sous le robinet de façon à répartir la substance dans le bain de manière homogène.

Bain de pieds, bain sans danger ?

Un bain de pieds ne nécessite guère de préparatifs et peut se prendre presque n'importe où. Placez une bassine à votre endroit favori et détendez-vous, assis sur un siège confortable. En été, prendre un bain de pieds dans le jardin ou sur le balcon est un délice. Mais faites attention : si simple à préparer soit-il, ce bain n'est pas dénué d'effets. Cela signifie qu'on ne peut pas le pratiquer n'importe comment, il faut observer certaines règles. Et si vous l'utilisez pour vous soigner, vous devez impérativement consulter un hydrothérapeute. Il convient aussi de rectifier une fois pour toutes une idée complètement fausse : un bain de pieds arrive toujours au moins à mi-mollet et ne s'arrête en aucun cas à la cheville !

Bains de pieds

Bain de pieds pour soulager les pieds douloureux

6 gouttes d'huile de menthe poivrée
huile d'aloès pour le massage

Versez 6 gouttes d'huile de menthe poivrée dans la bassine. Laissez tremper vos pieds jusqu'à ce que l'eau ait refroidi. Terminez en vous massant les pieds avec de l'huile d'aloès.

Bain de pieds relaxant

2 cuil. à soupe de sel de mer
2 gouttes d'huile de vétiver
2 gouttes d'huile de menthe poivrée
1cuil. à café de miel "mille fleurs"

Faites fondre 2 cuil. à soupe de sel marin dans un bol d'eau chaude. Mélangez 2 gouttes d'huile de vétiver et 2 gouttes d'huile de menthe poivrée avec 1 cuil. à café de miel "mille fleurs" et versez le tout dans l'eau. Savourez le parfum qui s'en dégage.

Bain de pieds pour bien dormir

2 cuil. à soupe de sel marin
3 gouttes d'huile de lavande

Si vous avez du mal à vous endormir, essayez donc ce bain de pieds. Mettez 2 cuil. à soupe de sel marin dans votre bassine. Ajoutez 3 gouttes d'huile de lavande et remplissez la bassine d'eau chaude.

BAIN DE PIEDS POUR COMBATTRE LA TRANSPIRATION

Si vous avez un peu de temps et si vous transpirez beaucoup des pieds, ce bain est tout à fait indiqué. Mettez les feuilles de sauge dans la bassine et versez de l'eau bouillante dessus. Ajoutez ensuite 3 gouttes d'huile de lavande. Attendez que l'eau ait suffisamment refroidi pour pouvoir plonger vos pieds dedans. La sauge a des vertus antiseptiques et permet de lutter contre une transpiration excessive.

2 tasses de feuilles de sauge fraîche ou 1 tasse de feuilles de sauge séchée
3 gouttes d'huile de lavande

BAIN DE PIED POUR SOULAGER CEUX QUI PASSENT BEAUCOUP DE TEMPS DEBOUT

Si vous avez un peu de temps et si vous transpirez beaucoup des pieds, ce bain est tout à fait indiqué. Mettez les feuilles de sauge dans la bassine et versez de l'eau bouillante dessus. Ajoutez ensuite 3 gouttes d'huile de lavande. Attendez que l'eau ait suffisamment refroidi pour pouvoir plonger vos pieds dedans. La sauge a des vertus antiseptiques et permet de lutter contre une transpiration excessive.

1 tasse de baies de genièvre séchées
1 tasse de feuilles de menthe poivrée séchées
2 gouttes d'huile de romarin

BAIN POUR NE PAS AVOIR LES PIEDS MOITES

Mettez l'huile végétale mélangée avec de l'huile de citron dans l'eau chaude. Remuez vos doigts de pieds de temps à autre. Si vous le souhaitez, vous pouvez masser vos pieds avec du baume camphré après les avoir séchés. Ce bain stimule la circulation sanguine et réchauffe bien les pieds.

1 cuil. à soupe d'huile végétale
8 gouttes d'huile de citron
baume camphré

BAIN DE PIEDS BASIQUE ET CHAUSSETTES DE SEL BASIQUES

Grâce à un bain de pieds basique de 30 à 45 minutes, vous éliminerez très efficacement les toxines de l'organisme. Mettez dans l'eau 1 cuil. à soupe de sels de bains basiques. Si vous n'avez pas le temps de prendre un bain, vous pouvez vous contenter provisoirement de chaussettes de sels basiques. Mélangez le sel dans 125 ml d'eau à température du corps, trempez dedans des chaussettes de laine épaisses, pas trop petites, et essorez-les. Avant de les enfiler, placez au pied du lit une feuille de plastique. Enfilez par-dessus les chaussettes humides une paire de chaussettes en coton sèches. Si vous avez souvent froid aux pieds, utilisez une bouillotte. En pratiquant cette méthode de soins pendant toute une nuit, vous éliminerez et neutraliserez les acides.

1 cuil. à soupe de sels de bain basiques

chaussettes en laine et en coton pour les chaussettes de sels basiques

Le bain de vapeur

Après un bain de vapeur, la peau du visage est merveilleusement lisse, douce et rose. Les impuretés ne se voient presque plus et on se sent tout à fait détendu. C'est la méthode idéale si vous n'avez pas assez de temps pour prendre un bain intégral ou si vous voulez juste vous accorder une petite pause salutaire. C'est également un remède prodigieux contre les rhumes. Si vous avez de l'asthme ou une maladie de peau, en revanche, faites un usage très modéré des huiles essentielles. Avant le bain. il est recommandé de traiter la peau avec un gel nettoyant puis de débarrasser les pores de tous les résidus avec une lotion purifiante ou si possible avec un léger peeling désincrustant. Après ça, vous pouvez être certain que le bain de vapeur sera efficace !

BAINS DE VAPEUR

Recette de base

une grande bassine d'eau très chaude
1 grande serviette en éponge
1 petite serviette en éponge
une couverture légère (éventuellement)
mouchoirs en papier
diverses HE

Remplissez une bassine d'eau très chaude, posez-la sur une table et ajoutez 1 à 2 gouttes d'huiles essentielles. Pour que la vapeur agisse davantage sur la peau de votre visage, placez sur votre tête une grande serviette en éponge de façon à ce qu'elle retombe sur la table. Si vous voulez avoir bien chaud, vous pouvez ajouter une couverture par-dessus. Vous sentez vos pores se dilater et la crasse partir. Laissez votre décolleté dénudé. Tant que la vapeur est encore très chaude, évitez de trop vous pencher au-dessus de la bassine surtout si vous avez la peau sèche. Ce bain doit durer de 3 à 10 minutes. Tamponnez ensuite le décolleté et le visage avec une serviette propre pour vous sécher.

Bain de vapeur purifiant pour le visage

2 gouttes d'huile de lavande
1 goutte d'huile de citron

Versez quelques gouttes d'huiles essentielles dans l'eau très chaude et respirez leur parfum. Au bout de 10 minutes, vous pouvez passer sur votre visage une lotion purifiante puis la tonifier avec une lotion à la lavande.

Bain de vapeur pour peau normale

Versez 2 gouttes d'HE de lavande ou de mandarine dans l'eau chaude. Savourez ce parfum qui évoque l'été et rêvez à vos prochaines vacances. C'est la bonne méthode pour vous détendre totalement. Après vous être essuyé, utilisez une crème pour le visage, elle pénètrera très vite.

2 gouttes d'huile de lavande
ou 2 gouttes d'huile de mandarine

Bain de vapeur pour peau grasse

Le bain de vapeur est vraiment excellent pour ce type de peau. Comme il nettoie les pores en profondeur, votre peau est lisse et affinée. L'huile de citron et celle d'eucalyptus ont une note très fraîche, elles désodorisent et tuent les germes. Mais vous pouvez aussi faire bouillir des fleurs de camomille séchées et les employer pour un bain de vapeur de 10 minutes. La camomille est antiséborrhéique et apaisante.

3 gouttes d'huile de citron
3 gouttes d'huile d'eucalyptus
2 tasses de fleurs de camomille séchées
ou bien 2 gouttes d'huile de lavande, 2 gouttes d'huile de sauge et 2 gouttes d'huile de sassafras

Bain de vapeur pour peau sèche

Si vous avez la peau sèche, ne restez pas trop longtemps sous la vapeur très chaude ; 3 à 5 minutes d'exposition suffisent amplement. Au début, ne vous penchez pas trop au dessus du récipient pour ne pas vous brûler. Avant de commencer, vous pouvez recouvrir le contour de l'œil, très sensible, avec une crème riche. L'huile de rose est particulièrement indiquée pour les peaux sèches. Après la séance, essuyez-vous délicatement et utilisez une crème relipidante pour le visage.

3 gouttes d'huile de rose

Bain de vapeur en cas de début de grippe

Mettez 1 à 2 gouttes d'huile de lavande et de tea-tree dans un récipient rempli d'eau très chaude. Inspirez profondément.

2 gouttes d'huile de lavande
2 gouttes d'huile de tea-tree

Bain de vapeur pour soigner les laryngites

Versez dans l'eau bouillante 3 gouttes d'huile de bois de santal et 1 goutte d'huile de sauge sclarée. Puis couvrez-vous la tête et inhalez ce mélange pendant 5 à 10 minutes, 3 fois par jour.

3 gouttes d'huile de bois de santal
1 goutte d'huile de sauge sclarée

Se rafraîchir dans sa baignoire

Si vous supportez mal le bain intégral très chaud, qu'il provoque chez vous palpitations et accès de transpiration, les recettes suivantes vous conviendront parfaitement. Ne vous baignez pas dans une eau à plus de 35 °C et vous ressortirez du bain revigoré.

Bains toniques

Bain rafraîchissant pour soulager les jambes lourdes

lithothamnium ou lait en poudre
5 gouttes d'huile de sauge
3 gouttes d'huile de cyprès
3 gouttes d'huile de lavande

Diluez 5 gouttes d'huile de sauge, 3 gouttes d'huile de cyprès et 3 gouttes d'huile de lavande dans un solvant (lithothamnium ou lait en poudre) et versez ce mélange dans la baignoire. Ne restez pas dans l'eau plus de 5 minutes. Si vous le supportez bien, vous pouvez augmenter la durée de ce bain jusqu'à 12 minutes.

Bain du matin

1 tasse de romarin séché
$^1/_2$ tasse de feuilles de menthe poivrée séchées
2 gouttes d'huile de citron

Ce bain aux herbes a un effet rafraîchissant et vous donnera de l'énergie pour commencer la journée. Mettez les herbes dans un récipient, recouvrez d'eau et portez à ébullition. Attendez encore un quart d'heure et filtrez l'infusion. Versez-la dans l'eau. Le romarin active la circulation, la menthe poivrée est stimulante et l'huile de citron aide à être en forme.

Bain du sportif

250 g d'écorce de chêne
1 cuil. à soupe d'huile de jojoba
3 gouttes d'huile de romarin

Si vous avez tendance à beaucoup transpirer, vous apprécierez ce bain. Mettez 250 g d'écorce de chêne dans un récipient et ajoutez 2 l d'eau. Portez à ébullition et laissez frémir encore un quart d'heure. Filtrez ce liquide et versez-le dans la baignoire remplie d'eau tiède. Ajoutez 3 gouttes d'huile de romarin que vous aurez diluées au préalable dans une cuil. à soupe d'huile de jojoba. Le tanin de l'écorce de chêne resserre les pores.

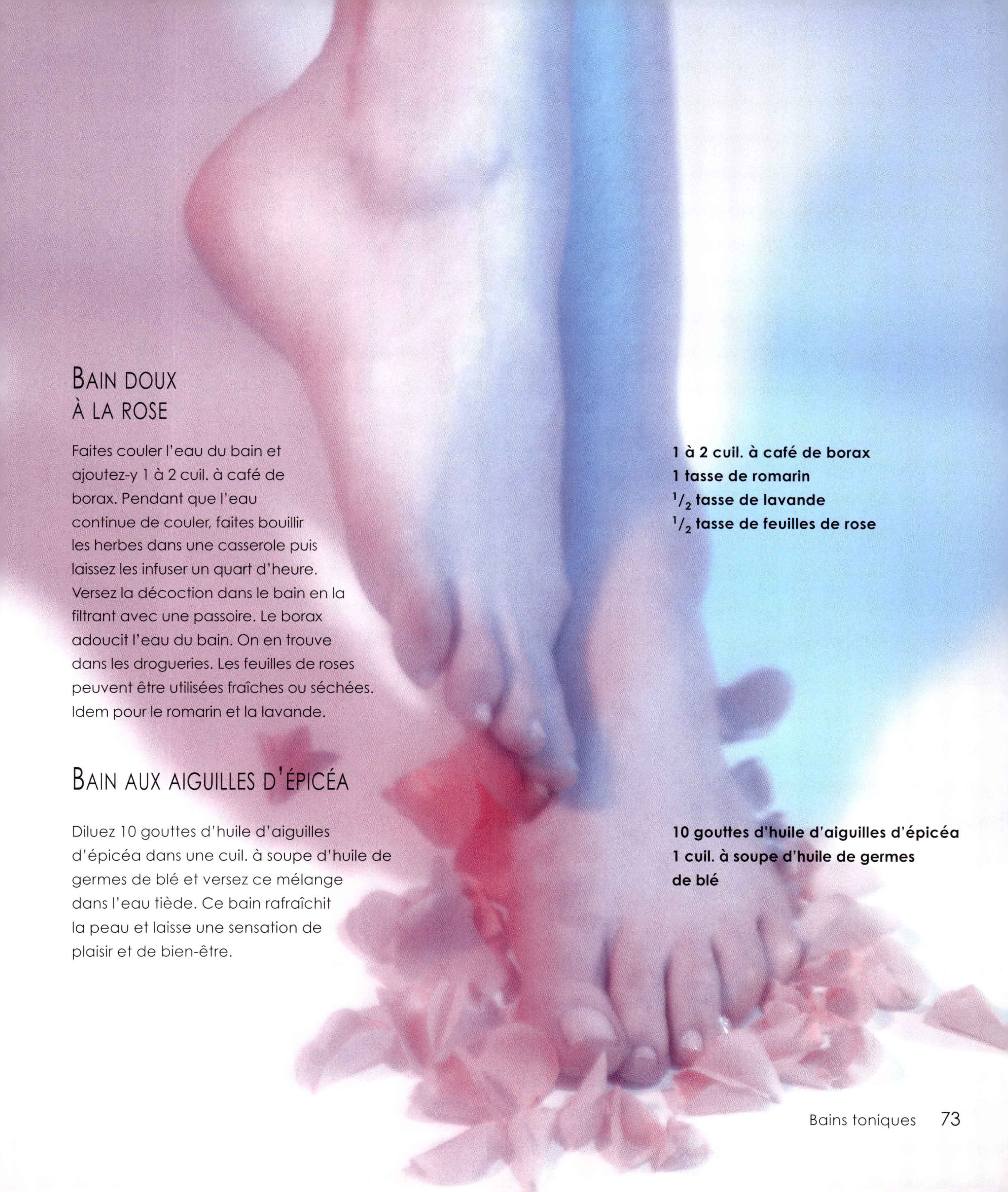

Bain doux à la rose

Faites couler l'eau du bain et ajoutez-y 1 à 2 cuil. à café de borax. Pendant que l'eau continue de couler, faites bouillir les herbes dans une casserole puis laissez les infuser un quart d'heure. Versez la décoction dans le bain en la filtrant avec une passoire. Le borax adoucit l'eau du bain. On en trouve dans les drogueries. Les feuilles de roses peuvent être utilisées fraîches ou séchées. Idem pour le romarin et la lavande.

1 à 2 cuil. à café de borax
1 tasse de romarin
$^{1}/_{2}$ tasse de lavande
$^{1}/_{2}$ tasse de feuilles de rose

Bain aux aiguilles d'épicéa

Diluez 10 gouttes d'huile d'aiguilles d'épicéa dans une cuil. à soupe d'huile de germes de blé et versez ce mélange dans l'eau tiède. Ce bain rafraîchit la peau et laisse une sensation de plaisir et de bien-être.

10 gouttes d'huile d'aiguilles d'épicéa
1 cuil. à soupe d'huile de germes de blé

Bain "menthe forte"

30 ml de gel douche neutre
2 gouttes d'huile de menthe poivrée
2 gouttes d'huile de romarin
3 gouttes d'huile de citron

Délayez les HE (menthe poivrée, romarin et citron) dans 30 ml de gel douche et placez ce mélange sous le robinet lorsque la baignoire est presque pleine. Cette recette a des propriétés antiseptiques et relaxantes, elle calme les douleurs et crée une sensation de fraîcheur. Si vous optez pour une douche, vous pouvez mettre la préparation sur une éponge et masser doucement le corps avec.

Bain au lait

6 cuil. à soupe de lait de chèvre en poudre
2 gouttes d'huile de bois de santal
2 gouttes d'huile de sauge sclarée
2 gouttes d'huile de lavande
2 gouttes d'huile de menthe poivrée

Versez le lait en poudre sous le robinet. Ajoutez les huiles dans le bain. Puis mélangez énergiquement. Ce bain rafraîchissant est à prendre le matin quand la journée promet d'être chaude. Il peut être merveilleusement complété par une lotion pour le corps que vous fabriquerez vous-même. Pour l'obtenir, délayez 10 gouttes d'huile de bois de santal, 3 gouttes d'huile de sauge sclarée, 4 gouttes d'huile de menthe poivrée et 3 gouttes d'huile de lavande dans 50 ml de lotion pour le corps neutre et secouez énergiquement le tout pendant 1 minute. Vous pouvez aussi en appliquer un peu sur les zones réflexe.

Bain douche rafraîchissant

30 ml de gel douche neutre
2 gouttes d'huile de menthe poivrée
2 gouttes d'huile de romarin
3 gouttes d'huile de citron

La douche aussi peut être délicieusement rafraîchissante si vous trouvez un bain intégral trop long. Ce bain est tonifiant, rafraîchissant, antiseptique et antispasmodique.

Bain tonique à prendre après une journée éprouvante

Le fruit du paradis, le pamplemousse, donne lui aussi une huile essentielle parfumée qui peut aussi bien s'utiliser dans un diffuseur que dans la douche ou le bain. En traitement interne (1 à 2 gouttes dans un verre d'eau 3 fois par jour), elle purifie le foie et les reins et stimule la digestion. En traitement externe, elle détend les muscles, agit comme un antidépresseur, un antispasmodique et favorise la concentration.

Pour préparer ce bain qui vous revigorera après une journée harassante, mélangez 4 gouttes d'huile de pamplemousse pure avec 1 goutte d'hélichryse et 1 goutte d'huile de rose. Vous verrez que la soirée se passera très bien !

4 gouttes d'huile de pamplemousse
1 goutte d'hélichryse
1 goutte d'huile de rose pure

Bain stimulant en cas de fatigue nerveuse

Dans cette préparation tonifiante aussi, l'huile de pamplemousse joue un rôle prédominant. Grâce à ce bain, votre fatigue et les conséquences du stress de la journée vont littéralement se volatiliser en un éclair et vous vous sentirez aussi frais et dispos que le matin. Pour concocter cette mixture extraordinaire, prenez d'abord 5 ml d'huile de pamplemousse et combinez-la avec 1 goutte d'huile de géranium et 2 gouttes d'huile de citron. Ajoutez pour finir 2 gouttes d'huile de coriandre ou bien 1 goutte d'huile de gingembre.

5 ml d'huile de pamplemousse diluée
1 goutte d'huile de géranium
2 gouttes d'huile de citron
2 gouttes d'huile de coriandre
ou 1 goutte d'huile de gingembre

Gel de bain provençal

Le petit grain s'obtient en distillant les feuilles et les branches des agrumes. Les arbres utilisés sont les orangers amers, les citronniers et les mandariniers. Ces huiles ont un effet très rafraîchissant et tonifiant.

Pour fabriquer le fameux gel de bain provençal, prenez comme base 30 ml de gel douche neutre et ajoutez-lui les 5 huiles essentielles suivantes : 2 gouttes de néroli pur, 2 gouttes de petit grain, 3 gouttes d'orange, 2 gouttes de pamplemousse et 1 goutte de romarin.

Ce mélange suffit pour deux ou trois bains. Conservez-le dans un flacon opaque. Pour un seul bain, versez à peu près le tiers du flacon sous le robinet.

30 ml de gel douche neutre
2 gouttes d'huile de néroli pure
2 gouttes d'huile de petit grain
3 gouttes d'huile d'orange
2 gouttes d'huile de pamplemousse
1 goutte d'huile de romarin

Bain pour soulager les contractures de la nuque

8 gouttes d'huile de mélisse
1 cuil. à soupe d'huile d'avocat

Diluez 8 gouttes d'huile de mélisse dans une cuil. à soupe d'huile d'avocat et versez le mélange dans la baignoire remplie d'eau chaude. Prenez une serviette en éponge, trempez-la dans le bain puis essorez-la bien. Posez cette serviette autour de votre nuque et entrez doucement dans l'eau. Si vous commencez à avoir froid, rajoutez de l'eau très chaude. Respirez plusieurs fois profondément et détendez-vous.

Bain au son

200 g de son
5 à 8 gouttes d'huile de géranium, de bois de santal, de lavande, de rose ou de mimosa

Le son issu de l'agriculture biologique est très précieux. Il concentre tous les composants nutritionnels importants contenus dans les grains de céréales. Utilisé dans le bain, il nettoie la peau sans l'agresser et la rend douce et souple. Mélangez 200 g de son avec 5 à 8 gouttes d'huiles choisies parmi celles de géranium, de bois de santal, de lavande, de rose ou de mimosa et mettez-les dans un sac en lin. En prenant votre bain, massez la peau avec ce gant de toilette très doux.

Bains relaxants

Bain équilibrant à la lavande

10 gouttes d'huile de lavande ou de camomille

Faites-vous couler un bain à une température agréable et ajoutez-lui 10 gouttes d'huile de lavande ou de camomille.

Bain pour favoriser la méditation

50 g de lithothamnium
4 gouttes d'huile de ciste

Mettez 50 g de lithothamnium sous le robinet. Juste avant de rentrer dans le bain, versez 4 gouttes d'huile de ciste dans l'eau. Ce bain doit durer de 10 à 15 minutes.

Bain revigorant au millepertuis

Diluez 10 gouttes d'huile de millepertuis dans de l'huile de jojoba. Versez le mélange dans le bain. Si vous avez froid, buvez 1 ou 2 tasses d'infusion au millepertuis avant de rentrer dans l'eau. Les émanations de ce bain calment les nerfs et apaisent l'esprit. Séchez-vous avec une serviette en éponge très douce et reposez-vous. L'huile de millepertuis augmente la sensibilité de la peau à la lumière, ne vous exposez pas au soleil après le bain.

10 gouttes d'huile de millepertuis
1 cuil. à soupe d'huile de jojoba

Bain relaxant "maison"

Videz votre étagère à épices. Peut-être y trouverez-vous quelques feuilles de laurier ainsi qu'une pleine poignée de feuilles de menthe, de fleurs de lavande, un peu de marjolaine et de thym et un reste de tisane à la sauge. Avec ces herbes, préparez 2 l d'infusion et versez-là dans l'eau du bain. Respirez profondément, calmement et relaxez-vous.

Feuilles de laurier et de menthe
1 poignée de fleurs de lavande
Un peu de marjolaine
Un peu de thym
Quelques feuilles de sauge

Bain pour ceux qui réfléchissent un peu trop

Si vous réfléchissez beaucoup et parfois un peu trop, ce bain vous conviendra parfaitement. Diluez dans une cuil. à soupe de miel 8 gouttes dHE de mélisse, 4 gouttes d'HE de citron et 2 gouttes d'HE de menthe poivrée. Versez ce mélange goutte à goutte dans le bain et plongez-vous dedans. Leau doit être agréablement chaude. La première fois, ne passez pas plus de 10 minutes dans leau, ensuite vous pourrez rester jusquà 20 minutes. Détendez-vous juste après en écoutant votre musique favorite.

1 cuil. à soupe de miel
8 gouttes d'huile de mélisse
4 gouttes d'huile de citron
2 gouttes d'huile de menthe poivrée ou dangélique

Bains pour relaxation intense

Délayez l'huile de néroli, celle doranger amer et celle de marjolaine dans le gel douche neutre et versez le tout dans leau chaude. Concentrez-vous sur votre respiration et détendez-vous. Ce bain agit comme un antidépresseur, un antispasmodique et un rééquilibrant nerveux. Accordez-vous ensuite une friction avec la lotion Vitaromatherapie® (à base d'huiles essentielles de néroli, de lavande, de marjolaine, de bois de rose et de lemon-grass).

20 ml de gel douche neutre
1 goutte d'huile de néroli
2 gouttes d'huile doranger amer
5 gouttes d'huile de marjolaine
lotion contenant des huiles essentielles de néroli, de lavande, de marjolaine, de bois de rose et de lemon-grass ou Vitaromatherapie®

Un corps propre

En Europe centrale, lépoque où l'onprenait un bain purifiant le samedi soir est presque révolue. Pourtant, il y a souvent des moments où l'onna pas de souhait plus ardent que de se plonger dans un bain pour se laver extérieurement et intérieurement.

Bains purifiants

Bain au marc de café

marc de café
5 cuil. à soupe de lait entier ou de crème

Si, après avoir offert le café à des amis, vous sentez que vous avez besoin de vous détendre et quune petite cure rafraîchissante ferait le plus grand bien à votre peau, ce bain sera parfait pour vous. Prenez le marc de café froid et mélangez-le à 5 cuil. à soupe de lait ou de crème. Mettez cette préparation sous le robinet. Vous pouvez aussi vous frictionner le corps avec du marc de café et de l'huile. Cela constitue un bon peeling. Prenez garde cependant à ne pas moudre le café trop fin.

Bain de boue

1 paquet de sédiments marins
5 gouttes d'huile de verveine officinale

Mettez-vous dans la baignoire, prenez une douche chaude rapide puis appliquez sur la peau humide un paquet de boue. Les sédiments marins sont les plus efficaces : cette boue qui vient du fond des mers est exceptionnellement riche en principes actifs naturels. De plus, elle agit en profondeur grâce aux coquillages broyés, aux silicates et aux 15 % dalgues (*ascophyllum nodosum* et *fucus serratus*) quelle contient. Frottez-vous avec une éponge végétale en effectuant des mouvements circulaires. Laissez poser la boue de 5 à 10 minutes puis rincez-vous avec le jet de la douche. Tout de suite après, prenez un bain intégral dans lequel vous aurez dilué de la verveine. Cette dernière est un bon remède contre les insomnies, le stress et favorise la dilatation des coronaires.

Bain pour les jardinières épuisées

Si vous avez passé la journée à jardiner, ce bain est pour vous. Délayez 6 gouttes d'huile de lavande, 2 gouttes d'huile de citron, 2 gouttes d'huile dorange et 2 gouttes d'huile de genévrier dans 50 g de sel de mer. Versez cette préparation dans la baignoire et faites couler le bain. Plus la température de leau sera élevée, plus vous vous sentirez fatiguée ensuite. Attention, un bain trop chaud risque dêtre mauvais pour la circulation !

50 g de sel marin
6 gouttes d'huile de lavande
2 gouttes d'huile de citron
2 gouttes d'huile dorange
2 gouttes d'huile de genévrier

Bain pour les bricoleurs

Versez le savon en paillettes dans la baignoire, faites couler de leau chaude et ajoutez petit à petit les huiles essentielles mélangées à $^1/_2$ tasse de sel de mer. Juste après le bain, nettoyez vos mains et vos pieds avec une grande brosse à ongles.

30 g de savon en paillettes
$^1/_2$ tasse de sel de mer
5 gouttes d'huile deucalyptus
4 gouttes d'huile de lavande

Bain pour avoir une belle peau

Mettez une tasse de son de blé dans un gant de toilette et placez-le sous le robinet. Il libèrera ses principes actifs et vous obtiendrez un bain embellissant pour la peau. Cette préparation apaise aussi les démangeaisons. Si vous avez bien chaud en sortant, contentez-vous de vous tamponner avec la serviette et attendez que votre peau sèche dellemême.

1 tasse de son de blé

Bain pour avoir la peau douce

Faites couler de leau chaude dans la baignoire, de préférence à 37 °C et diluez dedans un $^1/_2$ l de glycérine. Ce bain réhydratera votre peau et la rendra souple et douce. Ensuite appliquez impérativement une crème ou un lait pour que lépiderme ne puise pas dans les réserves stockées dans le corps pour shydrater. Utilisez par exemple le lait corporel de la marque Algologie®. Ce produit garantira à votre peau une hydratation intense et durable.

$^1/_2$ l de glycérine

Bains de beauté

Bain traitant pour peau sèche

10 gouttes d'huile de rose
3 cuil. à soupe d'huile damande douce

Faites-vous couler un bain à température modérée. Ajoutez-lui 10 gouttes d'huile de rose et 3 cuil. à soupe d'huile damande douce. Ne restez pas dans leau plus de 15 à 20 minutes, sinon votre peau risque dêtre fragilisée.

Bain traitant pour peau sensible

250 g de fleurs de camomille séchées

Mettez 250 g de fleurs de camomille séchées dans une petite serviette, repliez-la et fermez les côtés avec des pinces à linge puis placez-la sous le robinet deau brûlante. Un bain à la camomille nettoie et entretient la peau. Il la rend lisse et douce comme du velours.

Bain traitant pour avoir la peau douce

1 cuil. à café de fleurs de lavande
1 cuil. à café de fleurs de sauge
1 cuil. à café de feuilles de roses
3 cuil. à café de fleurs de camomille

Si vous voulez dorloter votre peau, ce bain est tout à fait ce quil vous faut. Mettez les herbes dans une petite serviette et placez-la sous le robinet. Entrez dans le bain, respirez profondément et frottez-vous avec la serviette. Ce peeling doux aux herbes rend la peau lisse.

Recette secrète pour être belle

1 tasse d'huile dolive
4 gouttes d'huile de citron

Cette préparation convient aux amateurs dexpériences inédites. Faites-vous couler un bain chaud et installez-vous dedans. Prenez l'huile dolive à température ambiante dans laquelle vous aurez dilué les 4 gouttes d'huile de citron et appliquez cette lotion soigneusement sur la peau. Soit à mains nues, soit avec un grand pinceau. Faites-vous aider pour le dos. Quand il ne reste plus d'huile, vous pouvez vous rasseoir dans leau lentement. Continuez à masser les différentes parties du corps.

Bain de beauté à lorientale

Ce bain est un peu compliqué à préparer mais le jeu en vaut la chandelle. Commencez par faire chauffer le gruau dorge dans deux litres deau à feu doux, remuez de temps en temps. Si vous voulez gagner du temps, utilisez une cocotte minute. Ajoutez ensuite au gruau la farine complète et celle damande et mélangez bien. Mettez cette bouillie dans un torchon que vous déposerez dans la baignoire après lavoir soigneusement noué. Faites couler le bain et versez deux tasses de lait entier et 3 gouttes d'huile de patchouli dedans. Après ce bain, votre peau sera merveilleusement lisse.

1 tasse de gruau dorge
$^1/_2$ tasse de farine complète
$^1/_4$ de tasse de farine damande
2 tasses de lait frais entier
3 gouttes d'huile de patchouli

Bain traitant pour peau stressée

Cet additif soigne la peau et procure en même temps une sensation dharmonie. Mélangez tous les ingrédients dans un récipient. Utilisez de préférence un fouet pour obtenir une émulsion lisse, puis versez-là dans leau du bain. Restez dedans pendant 15 minutes.

2 cuil. à soupe de crème liquide
2 cuil. à soupe d'huile davocat
6 gouttes d'huile de géranium
2 gouttes d'huile de bergamote
2 gouttes d'huile de rose

Bain à la crème pour entretenir sa peau

Manger trop de crème nuit à la santé parce quelle contient des graisses animales. En revanche, le bain à la crème est excellent pour les peaux sèches et irritées. Selon la taille de la baignoire, on verse 1 à 2 pots de crème liquide dans le bain chaud et on le parfume avec 3 gouttes d'huile de bois de santal. Si vous ne supportez pas le lait de vache, prenez du lait de chèvre en poudre. Dans ce cas, diluez 4 à 7 cuil. à soupe de lait en poudre (selon la taille de votre baignoire) dans de leau bouillante et parfumez avec 3 gouttes d'huile de rose ou de tea-tree.

1 à 2 pots de crème liquide
3 gouttes d'huile de bois de santal
ou bien :
4 à 7 cuil. à soupe. de lait de chèvre en poudre
3 gouttes d'huile de rose
ou de tea-tree

Bain au petit-lait

Commencez de préférence par verser le lait dans la baignoire. Puis mélangez doucement leau et le lait avec un fouet. Augmentez peu à peu la température de leau pour que le petit-lait ne caille pas. Nutilisez pas de savon ni dautre additif pour le bain. Rincez-vous en prenant une douche rapide et séchez-vous en vous frictionnant.

3 l de petit-lait

Se purifier de lintérieur

Le sel de mer stimule fortement le métabolisme. Le corps se libère de ses toxines et se purifie de lintérieur. Les bains de ce type sont fatigants et doivent être suivis d'une phase de repos. Prenez-les de préférence le soir et allez vous coucher tout de suite après.

Bains dépuratifs

Bain à prendre la veille d'une soirée

1 tasse de sel de mer
8 gouttes d'huile de lavande
fleurs de lavande

Si vous êtes invité à une soirée et que vous ne vous sentez pas dattaque, prenez ce bain la veille. Il vous débarrassera de vos toxines et vous redonnera des forces.

Versez 1 tasse de sel marin dans la baignoire et ajoutez goutte à goutte l'huile de lavande. Ensuite, faites-vous couler un bain très chaud. Si vous avez aussi à la maison des fleurs de lavande séchées ou fraîches, mettez les en suspension dans leau. Après être sorti de votre bain, allez vous coucher avec un bon livre.

Bain dépuratif simple

1 tasse de sel de mer
10 gouttes d'huile de citron

Versez le sel dans la baignoire et faites couler de leau très chaude. Quand la baignoire est pleine, ajoutez 10 gouttes d'huile de citron. Restez 15 à 20 minutes dans une eau à environ 35 °C. Ne faites plus rien après. Allez vous effondrer dans votre lit et vous vous réveillerez le lendemain parfaitement reposé. Si vous êtes trop fatigué pour vous essuyer, enveloppez-vous simplement dans un peignoir.

Bain indien

Versez goutte à goutte l'huile de coco, celle de géranium et celle de ylang-ylang dans 1 tasse de sel marin. Mettez le tout dans la baignoire et faites-vous couler un bain très chaud. Vous aurez un avant-goût de la magie de lInde et une envie irrésistible de massage décontractant pour les pieds.

4 gouttes d'huile de coco
6 gouttes d'huile de géranium
3 gouttes d'huile de ylang-ylang
1 tasse de sel de mer

Bain anti-cellulite

Vous pouvez essayer de traiter votre cellulite avec ce bain. De toute façon, il vous détendra. Versez 20 g de sel marin aux algues dans la baignoire et ajoutez l'huile de géranium. Faites couler votre bain et plongez-vous dedans en vous relaxant.

20 g de sel de mer aux algues
2 gouttes d'huile de géranium

Bain sensuel

Délayez les huiles essentielles dans l'huile de pépins de raisin et placez ce mélange sous leau brûlante juste avant que la baignoire ne soit pleine. Plongez ensuite dans ce parfum merveilleux et détendez-vous pendant 20 minutes. Massez-vous doucement des doigts de pieds jusquaux cuisses et du bout des doigts jusquaux épaules. Le pamplemousse a un effet dépuratif et l'huile de rose est apaisante pour lesprit et le corps.

10 ml d'huile de pépins de raisin
4 gouttes d'huile de ylang-ylang
2 gouttes d'huile de rose
5 gouttes d'huile de pamplemousse

Bain contre la cellulite en deux temps

Dans un premier temps, après vous être douché, prenez 1 tasse de gros sel de mer et frottez tout votre corps avec (à lexception du visage !), comme pour un gommage. Ensuite prenez de nouveau une douche.

Dans un second temps, savourez un bain chaud dans lequel vous aurez versé 300 ml de vinaigre de pomme et de 3 à 5 gouttes d'huile de genévrier selon la taille de la baignoire. Si vous prenez ce bain pour la première fois, ne restez pas dedans plus de 10 minutes. Ultérieurement, vous pourrez en prolonger la durée et y rester de 15 à 20 minutes.

1 tasse de gros sel de mer
300 ml de vinaigre de pomme
3 à 5 gouttes d'huile de genévrier

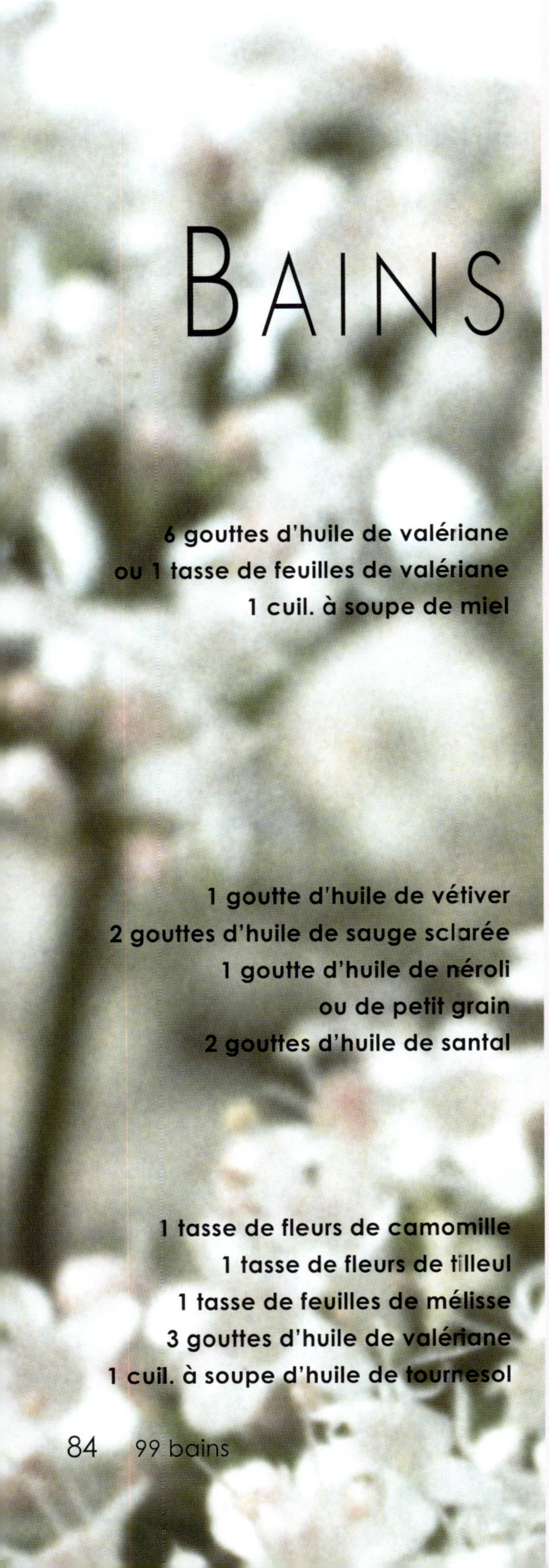

Le bain calmant

Si vous vous énervez facilement, si votre tension monte et que vous éprouvez lenvie de tout casser, allez plutôt prendre un bain. Leau chaude et les additifs que vous choisirez vous rendront votre calme et votre sang-froid. Ceci vaut bien entendu pour tous ceux qui vivent sous pression et peuvent éprouver le besoin de se relaxer.

Bains calmants

Bain à la valériane

6 gouttes d'huile de valériane
ou 1 tasse de feuilles de valériane
1 cuil. à soupe de miel

Après une journée éprouvante, le bain à la valériane apaise. Il détend et prépare au sommeil. Mélangez l'huile de valériane avec 1 cuil. à soupe de miel et versez le mélange dans le bain. À la place de l'huile essentielle, vous pouvez aussi porter à ébullition 1 tasse de feuilles de valériane et verser la décoction dans la baignoire. Buvez une tasse dinfusion à la valériane, elle renforcera leffet de ce bain.

Bain au vétiver

1 goutte d'huile de vétiver
2 gouttes d'huile de sauge sclarée
1 goutte d'huile de néroli
ou de petit grain
2 gouttes d'huile de santal

Le parfum de terre dégagé par l'huile de vétiver a dexcellentes propriétés calmantes et agit contre les insomnies liées au surmenage et aux angoisses. Cette plante vient de Java, de Haïti et des Philippines. Diluez dans un gel douche neutre 1 goutte d'huile de vétiver avec les 3 huiles essentielles de sauge sclarée, de néroli (ou de petit grain) et de santal.

Bain relaxant "Maison"

1 tasse de fleurs de camomille
1 tasse de fleurs de tilleul
1 tasse de feuilles de mélisse
3 gouttes d'huile de valériane
1 cuil. à soupe d'huile de tournesol

Mélangez 1 tasse de chacune de ces plantes : fleurs de camomille, fleurs de tilleul et feuilles de mélisse. Faites-les bouillir et laissez infuser 10 minutes puis versez cette décoction dans le bain en la filtrant. Si vous aimez la valériane, diluez 3 gouttes d'huile de valériane dans une cuil. à soupe d'huile de tournesol et ajoutez cette préparation à votre bain.

Bain anti-stress

Préparez un bol de thé vert et laissez-le refroidir. Délayez tous les ingrédients dans l'huile de germes de blé et placez-les sous le robinet avant que la baignoire ne soit pleine. Le bain lui-même est tonifiant et calme les palpitations nerveuses. On attribue des vertus aphrodisiaques à IHE de ylang-ylang qui, par ailleurs, est relaxante. Le sauge sclarée change les idées. Plongez des disques de coton dans le thé vert et essorez-les. En posant ces compresses sur vos yeux pendant que vous prenez votre bain, vous pourrez vous détendre encore davantage.

thé vert
2 gouttes d'huile de ylang-ylang
2 gouttes d'huile de néroli ou de petit grain
2 gouttes d'huile de sauge sclarée ou
2 gouttes d'huile dencens
2 gouttes d'huile de citron
1 cuil. à soupe d'huile de germes de blé

Bain calmant en cas de démangeaisons

Ce bain se déroule en deux temps. On commence par prendre un bain puis on sasperge avec une décoction. Mettez dabord 50 g de pensées sauvages dans une casserole et recouvrez-les deau bouillante. Laissez infuser de 10 à 15 minutes. Entre-temps, la baignoire est presque pleine, mettez dedans 4 cuil. à soupe de poudre dalgues marines nori. La température de leau ne doit pas dépasser 38 °C. Répartissez bien la poudre dans leau et restez dedans 15 minutes. Après le bain, arrosez-vous avec la décoction de pensées. Elle exerce une action calmante sur la peau. Nutilisez ni savon ni parfum et séchez-vous ensuite en tamponnant délicatement la peau.

50 g de pensées sauvages (parties aériennes)
4 cuil. à soupe de poudre dalgue nori

Bain davoine à l'huile essentielle de rose

Mettez les flocons davoine dans un carré de gaze de 10 centimètres sur 10 et cousez-le. Avant de faire couler votre bain, posez-le dans la baignoire. Dès quelle est pleine, versez l'huile de rose. Pendant que vous êtes dans leau, trouvez une position qui vous permette dêtre détendu et massez-vous avec ce petit sachet. Pour renforcer leffet du bain, préparez-vous une tisane à la rose. Mettez les feuilles de rose, le lemon-grass et les fleurs de lavande dans une théière. Versez dessus de leau bouillante et laissez infuser environ 15 minutes. Une rondelle de citron et un peu de miel rendront le goût de cette boisson délicate encore meilleur. Buvez une tasse de cette tisane chaude ou froide 3 fois par jour.

4 cuil. à café de flocons davoine solubles dans leau
1 carré de gaze
4 gouttes d'huile de rose

15 g de feuilles de rose non traitées
5 g de lemon-grass séché ou 10 g de lemon-grass frais
5 g de fleurs de lavande séchées
600 ml deau plate bouillante
1 rondelle de citron
miel

Un baume pour lâme

Le luxe est une notion dangereuse parce quil désigne le superflu dont on pense devoir se priver lorsquon surveille attentivement ses dépenses. Pourtant, quand on mène une vie modeste, il est nécessaire de saccorder de temps en temps certains luxes, certains plaisirs spécifiques qui embellissent la journée et redonnent de lénergie. Cest pour cette raison que ces "bains de luxe" sont de grands moments que l'on savoure pleinement.

Bains de luxe

Bain pour retrouver lharmonie intérieure

2 gouttes d'huile de géranium
1 goutte d'huile de mandarine
1 goutte d'huile de marjolaine
2 cuil. à soupe d'huile damande douce ou d'huile de pépins de raisin

Mélangez les huiles essentielles (géranium, mandarine et marjolaine) avec au choix 2 cuil. à soupe d'huile damande douce ou d'huile de pépins de raisin et placez cette préparation sous le robinet un peu avant que la baignoire ne soit pleine. Lhuile de géranium odorant apaise les inflammations et cicatrise les blessures.

Bain pour relaxation intense

1 goutte d'huile de néroli
2 gouttes d'huile doranger amer
Lotion contenant des huiles essentielles de néroli, de lavande, de marjolaine, de bois de rose et de lemon-grass ou Vitaromatherapie®

Combinez le néroli et loranger amer avec la lotion pour friction Vitaromatherapie® (elle contient des huiles essentielles de néroli, de lavande, de marjolaine, de bois de rose et de lemon-grass). Ce bain agit contre les dépressions légères, les crampes et c'est un rééquilibrant nerveux.

Bain au néroli

3 gouttes d'huile de néroli
2 gouttes d'huile de lavande
2 cuil. à soupe d'huile de germes de blé

Le bain au néroli convient parfaitement à ceux qui ont la peau sèche car il nest pas du tout irritant. Lhuile de néroli sobtient à partir de la fleur du bigaradier ; elle a de multiples vertus. Anti-stress, diurétique, elle abaisse aussi la glycémie. Cest aussi un bon remède contre la toux persistante et contre tous les problèmes de peau. Diluez les huiles essentielles (néroli et lavande) dans l'huile de germes de blé et versez cette mixture dans la baignoire juste avant quelle ne soit pleine. Faites de beaux rêves…

Harmonie de roses

Un bain à la rose doit se dérouler dans une ambiance harmonieuse. Pour le plaisir des yeux, choisissez un beau bouquet de roses de votre couleur favorite. Prenez 1 ou 2 fleurs et dispersez leurs pétales à la surface de leau. Une bougie à la rose répand dans la pièce une note sensuelle. Versez en plus 5 gouttes d'huile de rose dans le bain et laissez-vous charmer par ce parfum délicieux en écoutant une belle musique. Si vous trouvez cette cérémonie centrée sur la rose un peu trop douce, vous pouvez créer une atmosphère plus épicée avec des senteurs lourdes, piquantes et résineuses et remplacer les roses par une grande feuille de palmiste.

1 bouquet de roses
1 bougie parfumée à la rose
5 gouttes d'huile de rose

Bain au lait romain

Dans lAntiquité déjà, se baigner dans du lait était une recette de beauté éprouvée. Mélangez le lait frais entier avec l'huile de germes de blé et versez cette mixture dans une eau à 37 °C. Nutilisez pas de savon car il empêcherait leffet escompté. Restez dans leau environ 20 minutes puis rincez-vous sous la douche.

1 l de lait frais entier
1 cuil. à soupe d'huile de germes de blé

Bain tropical aux fleurs

Diluez les huiles essentielles dans une huile végétale neutre et placez ce mélange sous le robinet, juste avant que la baignoire ne soit pleine. Ces huiles ont dextraordinaires propriétés anti-stress. Toutefois, veillez à ne pas les utiliser à doses trop élevées car elles peuvent donner la migraine. Respirez profondément et détendez-vous.

5 ml d'huile végétale neutre
4 gouttes d'huile de ylang-ylang
1 goutte d'huile de rose pure ou 2 gouttes d'huile de géranium
2 gouttes d'huile dorange pure
2 gouttes d'huile de bois de santal pur

Bain romantique à la rose

Avec ses quelque 400 constituants, l'huile de rose est lune des huiles les plus précieuses qui soient. Elle entre dans la composition de 95 % des parfums pour femmes et dans 40 % des eaux de toilette pour hommes. Elle saccorde merveilleusement bien avec dautres huiles essentielles comme celles de jasmin, de ylang-ylang, de néroli, de bergamote et de lavande mais aussi avec des senteurs relevées, boisées et résineuses comme lencens ou la sauge sclarée. Pour concocter ce bain harmonisant par excellence, mélangez 5 gouttes d'huile de rose avec 2 gouttes d'huile de bergamote et 1 goutte d'huile de citron et de bergamote.

5 gouttes d'huile de rose pure
2 gouttes d'huile de bergamote
1 goutte d'huile de citron
1 goutte d'huile de coriandre

Un bain pour lutter contre la chaleur du soleil

Au premier abord, on aurait tendance à penser que l'on peut délaisser sa baignoire en été car le temps nous pousse à sortir, à fréquenter les piscines découvertes et les lacs. Certes, nager est un autre loisir excellent pour la santé mais il est bien différent des joies du bain à domicile. Or, en cette saison, un bain froid et parfumé est une véritable bénédiction, surtout les jours de grande chaleur.

Bains d'été

Bain à prendre par une chaude soirée d'été

1 tasse de fleurs de lavande
1 à 3 gouttes d'huile de menthe poivrée
5 gouttes d'huile dimmortelle
1 à 2 cuil. à soupe d'huile dolive
2 cuil. à soupe de crème ou bien
1 l de lait frais entier

Si, après une journée d'été torride, vous vous sentez fatigué et que vous avez envie d'un bain rafraîchissant, faites bouillir une tasse de fleurs ce lavande et versez cette décoction dans leau en la filtrant avec une passoire. Délayez 1 à 3 gouttes d'huile de menthe poivrée et 5 gouttes d'huile dimmortelle dans de l'huile dolive ou dans une autre huile végétale et ajoutez encore 2 cuil. à soupe de crème. Si vous avez la peau grasse, remplacez-la par du lait frais entier. La menthe poivrée est rafraîchissante et limmortelle soigne les coups de soleil.

Bain pour apaiser les peaux sensibles

1 tasse de fleurs de camomille séchées
1 tasse de crème liquide

Si les bains aux essences industriels ne vous conviennent pas et que presque tous les produits sont trop agressifs pour votre peau, tentez donc votre chance avec cette préparation. Mélangez 1 tasse de fleurs de camomille séchées avec 1 tasse de crème que vous aurez fait chauffer. Laissez infuser un peu la camomille et versez cette décoction dans un bain modérément chaud en la filtrant avec une passoire. Nhésitez pas à bien presser les fleurs de camomille. Ne restez pas plus de 15 minutes dans leau et essuyez-vous ensuite en tamponnant délicatement votre peau. À cela, si vous appliquez dessus de l'huile de jojoba, elle sera parfaitement apaisée.

Bain à la girofle

Quand les girofles fleurissent dans le jardin, c'est la bonne période pour essayer ce bain. Délayez dans une cuil. à soupe d'huile de germes de blé 2 gouttes d'huile de girofle et 6 gouttes d'huile de géranium. Versez cette préparation dans le bain et saupoudrez la surface de quelques fleurs de girofle. Ce bain, très esthétique, vous mettra de bonne humeur.

1 cuil. à soupe d'huile de germes de blé
2 gouttes d'huile de girofle
6 gouttes d'huile de géranium
fleurs de girofle

Bain à prendre après avoir fait du shopping

Si, après une journée torride dans une grande ville, vous ressentez le besoin impérieux de vous rafraîchir, vous devriez tester ce bain. Mélangez le savon en paillettes avec les huiles essentielles et versez la préparation dans la baignoire pendant que le bain est en train de couler. Ne prenez pas un bain trop chaud sinon vous ne serez pas revigoré mais encore plus épuisé. Il vaut mieux prendre une douche froide pour vous rincer afin de resserrer les vaisseaux. Vos pieds apprécieront particulièrement ce traitement.

1 tasse de savon en paillettes
6 gouttes d'huile de citron
2 gouttes d'huile de sauge
2 gouttes d'huile de cyprès

Bain au citron

Si vous ne vous servez que d'un citron pour concocter vos cocktails, utilisez les autres pour concocter un bain qui embellira votre peau. Pressez 4 citrons et coupez-en deux autres en fines rondelles. Mettez les rondelles de citron dans de leau froide pendant quelques heures. Versez le jus de citron dans le bain tiède et ajoutez ensuite les rondelles. Si vos ongles de pieds vous semblent un peu jaunâtres, profitez-en pour les frotter avec les rondelles de citron.

jus de 4 citrons
2 citrons entiers coupés en rondelles

Bain-peeling de l'été

Délayez une tasse de sel de cuisine dans 6 cuil. à soupe d'huile dolive jusquà ce que le mélange forme une fine bouillie. Mettez-vous dans la baignoire, faites couler de leau tiède et frictionnez-vous énergiquement avec la bouillie. Ce peeling doux élimine les cellules mortes, il lisse et assouplit la peau qui retrouve sa couche protectrice lipidique grâce à l'huile dolive. Une fois que vous aurez appliqué ce mélange sur tout le corps, laissez-vous glisser dans leau et éliminez le peeling avec vos mains.

1 tasse de sel de cuisine
6 cuil. à soupe d'huile dolive.

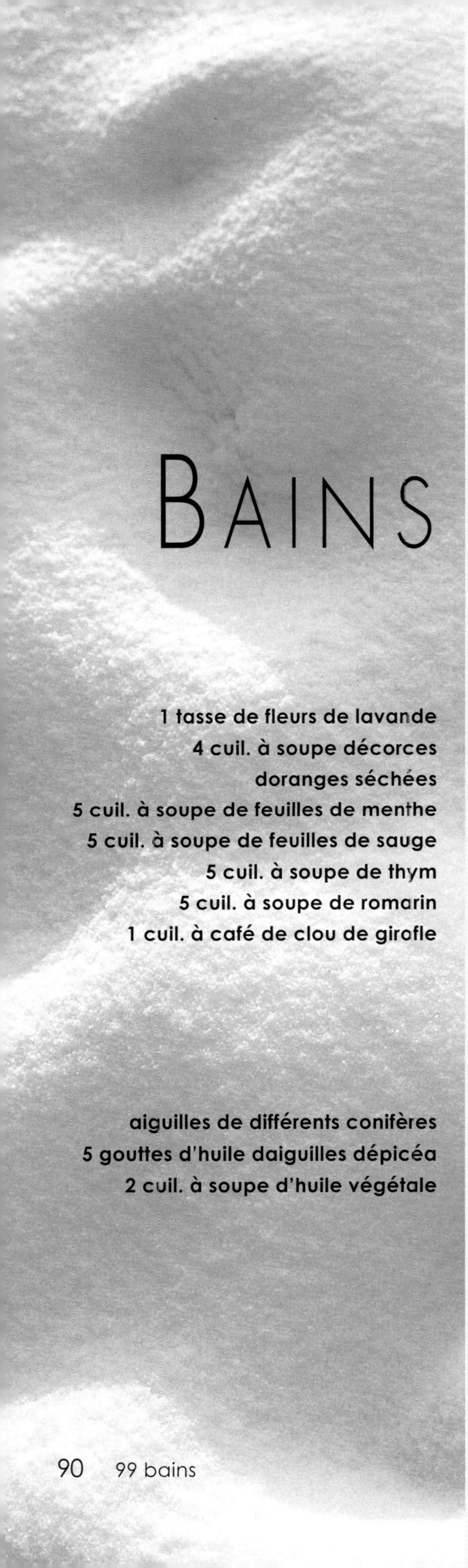

Prendre un bain pour lutter contre le froid

Quand il fait froid et quil y a beaucoup de vent, on simagine volontiers à la maison en train de prendre un bain. Le matin, déjà, au saut du lit, lorsque la chambre est fraîche, le simple fait de songer à un bain chaud tonifiant suffit à nous réchauffer. Et quand on rentre à la maison frigorifié, on rêve d'un délicieux bain intégral ou d'une douche brûlante.

Bains d'hiver

Bain aux plantes sicilien

1 tasse de fleurs de lavande
4 cuil. à soupe décorces doranges séchées
5 cuil. à soupe de feuilles de menthe
5 cuil. à soupe de feuilles de sauge
5 cuil. à soupe de thym
5 cuil. à soupe de romarin
1 cuil. à café de clou de girofle

Mélangez toutes les herbes. Mettez-les dans une casserole et recouvrez deau froide. Portez à ébullition et laissez infuser encore 10 minutes puis versez dans le bain très chaud en filtrant avec une passoire (la quantité indiquée suffit pour deux à trois bains. Vous pouvez conserver ce dont vous navez pas besoin pour le moment dans un pot équipé d'un couvercle à vis que vous rangerez à labri de la lumière). Ce bain vous mettra de bonne humeur. Le clou de girofle et la menthe poivrée combattent les contractures musculaires et le stress. Le romarin est un stimulant. La sauge, le thym et la lavande renforcent les défenses immunitaires.

Bain de Noël

aiguilles de différents conifères
5 gouttes d'huile daiguilles dépicéa
2 cuil. à soupe d'huile végétale

Cest le bain idéal en hiver. Ramassez des petites branches de conifères comme le sapin, lépicéa ou le pin. Récupérez les aiguilles et conservez-les dans un récipient hermétique (vous pourrez les utiliser pour plusieurs bains de Noël selon la quantité daiguilles ramassées). Avant de prendre votre bain, faites bouillir une poignée daiguilles et mélangez ensuite la décoction avec de l'huile daiguilles de pin diluée dans de l'huile végétale neutre. Versez le tout dans le bain. Cette recette a des propriétés antiseptiques, tonifiantes et elle stimule les voies respiratoires. Elle combat aussi bien les rhumes que le stress, la nervosité et lépuisement.

Bain dhiver anti-grippe

La saison froide est aussi celle des désagréables refroidissements. Prenez régulièrement ce bain simple mais efficace, il vous protégera des assauts de la grippe. Délayez 2 gouttes d'huile de poivre, 2 gouttes d'huile de genévrier et 4 gouttes d'huile de lavande dans du lait en poudre et placez ces essences parfumées sous le jet deau brûlante. Après le bain – ne restez pas plus de 10 à 15 minutes dans leau – séchez-vous rapidement et allez-vous coucher.

2 gouttes d'huile de poivre
2 gouttes d'huile de genévrier
4 gouttes d'huile de lavande
solvant : lait en poudre

Bain aux aiguilles dépicéa

Lhuile daiguilles dépicéa a une action bénéfique en cas dinfection des voies respiratoires, elle aide à dissoudre et fluidifier les mucosités qui encombrent les poumons. On lui attribue aussi une action antiseptique sur la vessie et les reins. Mais attention, nutilisez pas de doses trop élevées sinon vous risquez dirriter ces derniers. Si vous avez des problèmes dallergie aussi, soyez prudent. Diluez 5 gouttes d'huile daiguilles dépicéa, 1 goutte d'huile dorange, 1 goutte d'huile de cannelle écorce et 1 goutte d'huile de cardamome dans 3 cuil. à soupe d'huile damande douce.

3 cuil. à soupe d'huile damande douce
5 gouttes d'huile daiguilles dépicéa
1 goutte d'huile dorange
1 goutte d'huile de cannelle écorce
1 goutte d'huile de cardamome

Bain asiatique miracle

Lail est un remède universel. Il se mange mais constitue aussi un merveilleux additif pour le bain. Hachez-le sans faire de trop petits morceaux et versez-le dans un bain très chaud. Vous pouvez aussi le mettre dans un gant de toilette que vous refermerez. Cette préparation calme les irritations cutanées et permet de bien dormir ensuite.

3 à 8 gousses dail

Bain parfumé de lavent

Versez le jus d'un citron et d'une orange pressés dans le bain. Si vous avez acheté des fruits non traités, râpez le zeste et mélangez-le avec $^1/_2$ tasse de racine de consoude et $^1/_2$ tasse de fleurs de camomille. Faites bouillir dans 1 l deau et filtrez avec une passoire. Ajoutez 4 cuil. à soupe de miel et rêvez à l'été suivant.

1 citron (non traité)
1 orange (non traitée)
$^1/_2$ tasse de racine de consoude
$^1/_2$ tasse de fleurs de camomille
4 cuil. à soupe de miel

La nature guérit

La médecine connaît depuis fort longtemps les vertus curatives de leau. Pour venir à bout de certaines pathologies grâce aux bains, il faut nécessairement consulter un thérapeute expérimenté. En revanche, il est tout à fait possible de remédier soi-même à de petits problèmes quotidiens comme les maux de tête, les rhumes ou la fatigue. Et même en cas de maladie, on peut contribuer au processus de guérison à condition de choisir le bain intégral adéquat.

Bains curatifs

Bain pour soigner les refroidissements

6 gouttes d'huile deucalyptus
ou 6 gouttes d'huile de thym
1 cuil. à soupe d'huile de tournesol

Si vous êtes en début ou en fin de rhume, un bain à leucalyptus ou au thym vous aidera à respirer plus facilement. Lhuile deucalyptus améliore lirrigation sanguine et détend les muscles contractés au niveau de la poitrine. Le thym est un expectorant et décontracte les bronches. Délayez l'huile essentielle dans l'huile support et versez le mélange dans un bain très chaud.

2 cuil. à café de vaseline
4 gouttes d'huile de rose

En cas de rhume des foins ou de rhinite, vous pouvez préparer un baume dans un pot de crème stérile (disponible en pharmacie) : diluez 4 gouttes d'huile de rose dans 2 cuil. à café de vaseline. Quand vous en avez besoin, appliquez-en une petite quantité dans les narines avec un coton-tige.

Bain à prendre en cas de tension basse

5 gouttes d'huile de romarin
5 gouttes d'huile daiguilles dépicéa
2 cuil. à soupe d'huile davocat

Mélangez les HE de romarin et daiguilles dépicéa avec l'huile davocat et versez cette préparation pendant que le bain tiède est en train de couler. Massez vos jambes avec une éponge végétale en direction du cœur. Après le bain, il est recommandé de se rincer brièvement sous la douche froide et de se frotter soigneusement avec une serviette en éponge rugueuse. Cela stimulera certainement votre circulation.

Bain régénérant pour les tissus conjonctifs

Mettez 200 à 300 g de prêle directement dans le bain. Prenez votre bain à la température qui vous convient mais ne restez pas plus de 20 minutes. La prêle est un bon remède quand une plaie a du mal à cicatriser ou en cas dabcès ou de brûlure, elle régénère les tissus conjonctifs.

200 à 300 g de prêle

Bain pour apaiser les démangeaisons

Faites bouillir brièvement 1 tasse de fleurs de lavande et versez la décoction dans le bain. Ajoutez l'huile de jojoba. Ces deux ingrédients ont une action apaisante et calmante sur lépiderme. Ne restez pas trop longtemps dans leau pour que la peau ne plisse pas.

1 tasse de fleurs de lavande
2 cuil. à soupe d'huile de jojoba

Bain au mélilot bleu

Dans les remèdes de grand-mère, les bains au mélilot bleu ont toujours été utilisés pour soigner les rhumatismes ou la goutte. Ce bain atténue la douleur et retend la peau. Mettez les fleurs de mélilot bleu dans leau pendant que le bain est en train de couler et laissez-les dans la baignoire. Si la présence de ces fleurs dans leau vous dérangent, vous pouvez les faire bouillir quelques minutes, les laisser infuser pendant un quart dheure puis verser la décoction dans le bain en la filtrant avec une passoire. Ce bain est déconseillé si vous souffrez dallergies.

2 tasses de mélilot bleu

Bain anti-rhumatismes

Préparez une infusion avec 180 g de lierre terrestre et 2 l deau et versez-la dans leau du bain. En complément, buvez deux tasses de tisane au lierre terrestre par jour. Cette herbe est astringente et curative. Elle stimule le métabolisme et soigne les lithiases.

180 g de lierre terrestre
2 l deau très chaude

Mettez dans le bain une préparation à base de lait de chèvre en poudre ou dalgues calcaires (*lithothamnium calcearum*) en poudre et d'huiles essentielles de lavande, de sauge et de marjolaine. Au début, ne restez que 5 minutes dans leau ; ultérieurement, augmentez la durée du bain d'une minute à chaque fois, nallez pas au delà d'un quart dheure.

lait de chèvre en poudre
3 gouttes d'huile de lavande
3 gouttes d'huile de sauge
2 gouttes d'huile de marjolaine

Les vertus de la mer à domicile

Les bains les plus précieux sont les bains aux algues marines. On les trouve fraîches, sous forme de poudre ou d'extrait liquide. Elles contiennent tout l'éventail des minéraux, des acides aminés et des vitamines qui nous manquent de plus en plus au fur et à mesure que nous vieillissons. Elles neutralisent les acides et les toxines grâce à des bains délassants, des boissons et des gélules. Comme il nexiste pas de surdosage en la matière, elles ne peuvent pas avoir d'effet nuisible. Après une à deux cures de vingt-huit jours, on élimine les toxines et on retrouve l'énergie et la joie de vivre.

Bains marins

Bain pour prendre soin de sa peau

10 gouttes d'huile de tea-tree
2 cuil. à soupe d'huile de germes de blé
1 cuil. à café dalgues en poudre

Ce bain est un bon remède pour éliminer les impuretés de la peau. Diluez tout d'abord 10 gouttes d'huile de tea-tree dans deux cuil. à soupe d'huile de germes de blé et ajoutez une cuil. à café. d'algues en poudre, de préférence l'algue *macrocystis pyrifera* ou l'algue nori. Mélangez bien le tout et versez cette mixture dans un bain chaud. Veillez à ne pas dépasser une température de 38 °C.

Bain fortifiant pour les os

Le lithothamnium contient beaucoup de calcium, de silicium, de magnésium, de cuivre, de zinc et d'autres minéraux importants. Dans les eaux tropicales, il contribue à la formation des récifs coralliens.

100 g de lithothamnium en poudre

Faites couler votre bain et versez sous le robinet environ 100 g de lithothamnium en fonction de la taille de votre baignoire. La température de l'eau ne doit pas dépasser celle du corps. Vous pouvez passer jusquà 30 minutes dans l'eau. Ny restez que tant que vous vous sentez bien.

Bain raffermisant aux algues

Pour vous préparer à ce délicieux bain intégral, il vaut mieux vous doucher soigneusement et bien nettoyer la surface de l'épiderme pour que les éléments marins puissent parfaitement pénétrer dans l'organisme en passant par les pores. Le mieux est dutiliser dans ce but une brosse de massage qui stimule la peau et la prépare à recevoir le produit pour le bain.

Pour ce bain, il est conseillé dutiliser l'excellent additif aux algues Vital Meereskomplex W. Il se compose de sel de Guérande et d'un mélange dosé avec soin de différentes algues marines et d'huiles essentielles de genévrier et de l'avande. Pour un bain intégral à température du corps, prenez 1 cuil. à soupe de cette lotion. Nutilisez surtout pas de savon. Accordez-vous ensuite une période de repos d'au moins 30 minutes.

1 à 2 cuil. à soupe de sel de mer aux algues en fonction de la taille de la baignoire et de vos goûts

Bain de siège calmant

Dans un bol, diluez 5 gouttes d'huile de bergamote dans 1 g de sel de mer et versez dessus 1 l d'eau minérale tiède. Plongez dedans une compresse de gaze et appliquez-la entre les jambes.

5 gouttes d'huile de bergamote
1 g de sel de mer
1 l d'eau minérale tiède

Bain aromatique énergisant

Dans ce type de préparation, les algues marines et les huiles essentielles agissent en synergie et vous apportent une nouvelle vitalité. Pour un bain intégral, placez l'équivalent d'un bouchon de lotion sous le robinet. Ce produit doit contenir entre autres de l'extrait d'algues, de l'huile de romarin, de l'huile de pin et de l'huile d'eucalyptus. Le résultat est surprenant : le processus métabolique saccélère et l'organisme est plus tonique. Après une maladie ou un stress physique ou psychique, ce bain, pratiqué régulièrement, vous rendra toute votre énergie.

Bain aromatique "Énergie" (à base d'extrait d'algues, d'huile de romarin, d'huile de pin et d'huile d'eucalyptus)

Bain aux algues fraîches

bain traitant à base d'algues fraîches

En cas de douleurs intenses au niveau du dos souvent liées à une fatigue nerveuse ou psychique ou bien à une mauvaise posture et au manque d'exercice, cette préparation pour le bain à base de produits marins est un bon remède. Si vous utilisez deux à trois fois par semaine les bains aux algues marines à base d'algues fraîches, tels des filtrats aux extraits de cellules marines, vous pourrez obtenir un résultat incroyable. Juste après, prenez le temps d'appliquer un paquet de boue marine ou de sédiments marins, mélangé à de la poudre d'algues séchée ou à une préparation fluide à base de cellules d'algues. Cela renforcera l'action du bain.

Bain à la fleur de sel

500 g de sel marin
pétales de lavande, de rose, de jasmin

Mettez 500 g de sel marin dans un récipient à large ouverture et ajoutez une grande quantité de pétales de fleurs, par exemple de l'avande, de rose et de jasmin et laissez ce mélange odorant pendant à peu près 15 jours sur le rebord de votre fenêtre. Les substances aromatiques vont alors passer dans le sel.

Pour un bain intégral, utilisez entre une demi-tasse et une tasse entière de sel. Ne restez pas dans l'eau plus de 15 minutes. Cette restriction vaut pour tous les bains à base de sel marin car le sel entraîne une fatigue physique.

Recette simple de bain au sel

sel marin non raffiné
colorants alimentaires
de couleur bleue, verte, jaune, orange et rouge

Prenez du sel de mer non raffiné, teintez-le avec des colorants alimentaires (2 ou 3 gouttes de colorant suffisent) et conservez-le dans des pots en verre transparents. Vous pouvez très bien laisser les pots en vue dans votre salle de bains car les yeux aussi doivent profiter du bain.

Pour un bain intégral classique, 1 seule tasse de sel suffit. Si vous avez la peau sèche, il est recommandé d'ajouter 5 gouttes d'huile de bois de rose ou de bois de santal dans l'eau.

Bain aux algues dans un sachet en lin

sachets remplis d'algues (Thalasso plus) à base de *fucus versiculosus*, *ascophylum nodosum* et *laminaria digitata* micronisées.

Ce bain aux algues composé de trois sortes d'algues différentes placées dans un sachet en lin se présente sous une forme particulièrement pratique et élégante. On peut coudre soi-même le sachet et le remplir d'algues micronisées ou se le procurer dans le commerce. Les algues *fucus versiculosus*, *ascophylum nodosum* et *laminaria digitata* qui ont un effet reminéralisant, dépuratif et stimulant pour le métabolisme libèrent leurs principes actifs dans l'eau. Par ailleurs, on peut se servir de ces sachets gonflés d'eau pour se masser.

Faites gonfler les sachets dans une casserole remplie d'eau chaude et gardez-les ensuite de 30 à 40 minutes sur vos épaules. Vous pouvez les utiliser comme cataplasme en recouvrant une chaise longue d'un film plastique pour la protéger, en plaçant les sachets dessus et en vous installant sur ces derniers. Vous pouvez également chauffer les sachets enveloppés dans un film plastique à l'aide d'un coussin chauffant. Mais attention à bien éteindre le coussin quand vous vous allongerez sur les sachets ! Ensuite, vous n'êtes pas obligé de les jeter. Conservez-les dans le bac à légumes de votre réfrigérateur, enveloppés dans du papier aluminium. Vous pourrez les réutiliser le lendemain en prenant votre douche.

Bain au sel de la mer Morte

sel de la mer Morte

Le sel de la mer Morte peut être utilisé à doses plus élevées que le sel marin traditionnel car il a une composition chimique totalement différente. Il contient très peu de chlorure de sodium, en revanche, il est très concentré en sels minéraux, par exemple en brome, en sodium, en potassium, en chlore et en calcium. Conformez-vous aux dosages indiqués par chaque fabricant.

Quand l'âme pleure...

Personne ne peut être gai et de bonne humeur en permanence. Sans cesse, des événements viennent perturber notre équilibre psychique. Certains individus sen accommodent mieux que d'autres. L'alcool ou les médicaments ou pire encore, les drogues, noffrent qu'un secours illusoire et nous plongent dans une détresse encore plus grande. Les remèdes naturels sont inoffensifs mais extrêmement efficaces.

Soyez positif !

Bain pour traiter une dépression légère

5 gouttes d'huile de néroli
5 gouttes d'huile d'orange
1 cuil. à soupe de poudre d'algues blanches
1 cuil. à soupe de lait en poudre pour enfants

Mélangez les huiles essentielles d'orange et de néroli dans la poudre d'algues blanches et versez cette préparation dans la baignoire. L'eau doit être modérément chaude.

Ce bain soigne les rougeurs cutanées dorigine nerveuse et les palpitations. Les huiles essentielles de néroli et d'orange agissent comme un stimulant neurotonique. Après, vous allez sûrement bien dormir. Si vous faites prendre ce bain à des enfants, remplacez la poudre d'algues par du lait en poudre.

Bain aux herbes de Provence

1 tasse d'herbes de Provence

Sil vous reste encore un petit sachet d'herbes rapporté de votre dernier séjour en Provence, vous allez pouvoir vous préparer un bain aromatique parfumé. Mettez les herbes dans un gant de toilette et placez-le sous le robinet. Frottez-vous ensuite avec ce gant dans la baignoire. Commencez par les pieds. Dirigez toujours vos mouvements vers le cœur. Une douche froide servira de couronnement final à ce type de bain.

Bain méditerranéen

Mélangez l'huile de lavande diluée avec 4 gouttes d'huile de vétiver et 1 goutte d'huile de lavande et mettez cette préparation sous le robinet peu avant que la baignoire ne soit pleine. Non seulement la lavande sent bon, mais c'est un bon remède contre les coups de soleil et les insomnies.

2,5 ml d'huile de lavande diluée dans une huile support
4 gouttes d'huile de vétiver
1 goutte d'huile de lavande

Bain harmonisant

Ce bain intégral est idéal pour se détendre. Diluez les huiles essentielles dans l'huile d'amande douce et placez cette mixture sous le robinet peu avant que la baignoire ne soit pleine.

L'huile de géranium soigne les inflammations et les plaies. Son action relaxante se fait particulièrement sentir en cas de syndrome prémenstruel, d'angoisse et nervosité. L'encens calme l'esprit, la marjolaine, apaisante, dénoue les tensions psychiques.

1 goutte d'huile de géranium odorant
1 goutte d'huile de mandarine
1 goutte d'huile de marjolaine
1 goutte d'huile d'encens
2 cuil. à soupe d'huile d'amande douce ou d'huile de germes de blé

Bain à la ciste pour les âmes blessées

Dans l'industrie agroalimentaire, l'huile de ciste est utilisée comme arôme pour les confiseries, les boissons non alcoolisés et les glaces, dans la fabrication des parfums, elle sert de stabilisateur. Nos ancêtres employaient l'essence tirée de cet arbrisseau méditerranéen pour soigner les abcès purulents et les plaies mal cicatrisées. Aujourdhui encore, on lutilise en cas d'eczéma, de psoriasis, comme fluidifiant, comme coagulant et comme antibiotique naturel. Les personnes qui se sentent abattues, qui nont pas digéré certaines épreuves et sont tellement crispées quelles en deviennent insensibles, profitent de cette essence qui réchauffe le cœur. Par ailleurs, combinée avec de l'huile d'orange, elle débarrasse l'organisme de toutes ses toxines un peu comme le drainage lymphatique suscité par un léger massage.

Versez dans un bain modérément chaud 8 gouttes d'huile de ciste et 5 gouttes d'huile d'orange, ajoutez éventuellement 2 gouttes d'huile de lavande et restez dans l'eau à peu près un quart d'heure.

8 gouttes d'huile de ciste
5 gouttes d'huile d'orange
2 gouttes d'huile de lavande

Souvent, nous désirons l'impossible : avoir un corps comme celui de Claudia Schiffer, un décolleté comme celui de Marilyn Monroe, un nez comme celui de Cléopatre… Pourquoi donc sommes-nous si critiques quand il s'agit de notre propre corps ? Probablement parce que nous le connaissons si bien, et que pour cette raison, nous accordons une importance énorme à de petits défauts. Le théâtre de cette autocritique est toujours la salle de bains. C'est là qu'on peut s'inspecter des pieds à la tête sans être dérangé. Et c'est alors que commencent les mesures pour lutter contre ces imperfections. Beauté, soins corporels et détente vont de pair. L'envie et le plaisir de se faire du bien soulagent aussi l'esprit. Ce programme pour prendre soin de soi explore minutieusement toutes les possibilités d'utilisation de la salle de bains, il ne prend donc pas seulement en compte la peau et les cheveux mais aussi la confiance en soi et le rayonnement.

Programme complet pour prendre soin de soi

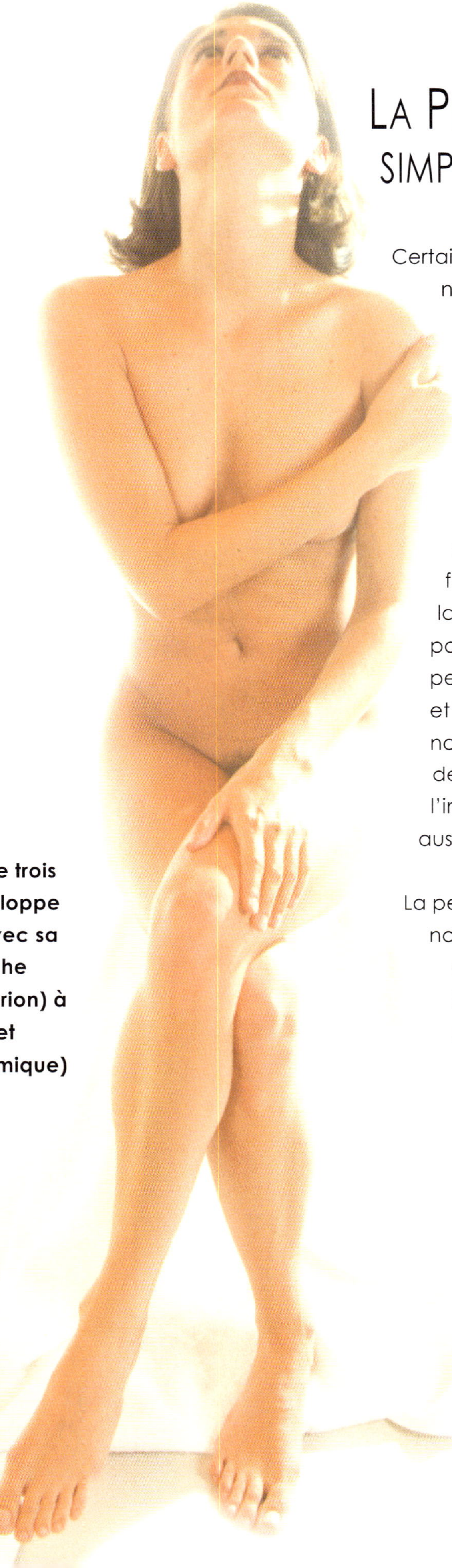

La Peau : bien plus qu'une simple enveloppe

Certaines personnes s'imaginent encore que la peau n'est qu'une enveloppe qui protège le corps des influences extérieures. En réalité, c'est bien plus que ça : tout d'abord, elle est le plus grand organe sensoriel de l'être humain. Elle nous permet de percevoir les températures. Semblable à un climatiseur, elle nous empêche de trop chauffer en sécrétant la transpiration et de nous refroidir à l'excès en rétrécissant les vaisseaux sanguins quand il fait froid. Les terminaisons des nerfs qui transmettent la douleur se situent au niveau de la peau sans pour autant réagir à des stimulations directes. La peau est aussi un important organe de stockage et d'élimination : c'est la zone où se déroulent nombre de processus métaboliques. L'élimination des toxines ne se fait pas seulement par l'intermédiaire de l'intestin et des reins, elle a lieu aussi grâce aux multiples pores de la peau.

Notre peau se compose de trois couches distinctes : l'enveloppe supérieure (l'épiderme) avec sa couche cornée et sa couche granuleuse, le derme (chorion) à base de tissus conjonctifs et l'hypoderme (sous-épidermique) très riche en graisse.

La peau, on l'a compris, a donc des fonctions nombreuses et variées. C'est un organe robuste et en même temps sensible. Ce n'est pas un hasard si on dit qu'elle est le reflet de l'âme. Si solide soit la barrière qu'elle dresse entre les organes internes et les influences extérieures, elle n'en demeure pas moins sensible aux soucis et aux problèmes psychologiques. Et elle joue en grande partie le rôle d'indicateur des processus internes. Elle montre les dysfonctionnements du corps. Compte tenu de ses rôles multiples, il est nécessaire de prendre grand soin de cette enveloppe extérieure. En effet, si elle n'est pas bien irriguée et que les pores sont bouchés, toutes ces fonctions essentielles sont entravées. Pour choisir les soins les plus adaptés, il faut d'abord en savoir plus sur la texture de sa propre peau.

Tout le monde désire avoir une peau impeccable et lisse. Pour cela, il faut avoir des réserves internes de sébum et d'eau. La peau s'en sert pour fabriquer son propre bouclier, la couche cornée. Cette couche externe recouvre le corps comme une bâche et l'empêche de perdre une trop grande quantité d'eau.

Pour fonctionner de manière optimale, elle est sans cesse renouvelée. Dans la nuit, quand on dort, la peau met à profit cette phase de sommeil pour se régénérer. Des cellules cutanées se forment et prennent la place des anciennes. Il faut environ un mois pour qu'une cellule créée à l'intérieur du corps atteigne la couche supérieure de l'épiderme. Pendant qu'elles "montent", les cellules deviennent de plus en plus robustes et stables. Une fois parvenues à la surface, elles ne sont plus constituées que de corne.

Dormez pour préserver votre beauté. L'important, c'est de tenir compte de vos besoins personnels et de dormir suffisamment. La phase de sommeil qui influe sur la beauté se déroule dans les premières heures qui suivent l'endormissement. C'est à ce moment-là que la peau se régénère.

La couche cornée recouvre entièrement le corps. Elle est d'une extrême finesse sur certaines parties du corps et assez épaisse sur d'autres. Les véritables callosités ne se rencontrent qu'au niveau de la voûte plantaire. Chaque jour, environ deux milliards de ces cellules cornées sont éliminées et remplacées par de nouvelles cellules. Sans ce processus, la peau ne retiendrait pas assez d'eau pour rester belle et saine de façon durable.

Mais la perfection est rare. En revanche, il existe d'innombrables manières de perturber la synergie idéale des processus physiques naturels. Abstraction faite du vieillissement programmé dans nos gènes, des circonstances extérieures influencent la structure de la peau. Les soucis et le stress, les effets du rayonnement solaire, les soins excessifs, insuffisants ou mal adaptés, les gaz d'échappements, la fumée de cigarettes, les pièces surchauffées... La liste des facteurs qui peuvent l'abîmer est longue. En réalité, une peau parfaite et en pleine santé est une chose exceptionnelle. Quand on la trouve, elle se caractérise par ses pores resserrés, son aspect lisse, rose et brillant comme de la soie. Son hydratation et sa production de sébum sont parfaitement équilibrés.

Mais cet équilibre idéal est l'exception tandis que les problèmes de peau constituent la norme. Si aujourd'hui, on n'opère plus une distinction aussi stricte entre les différents types de peau, nous avons tout de même besoin de repères. Il faut savoir que le type de peau d'un individu évolue au cours de sa vie. Les soins doivent prendre en compte cette évolution.

Quel est votre type de peau ?

D'une manière générale, on distingue quatre type de peaux : la peau sèche, la peau grasse, la peau sensible et le dernier type, mélange des trois précédents, la peau mixte. Un test très simple vous permettra de déterminer à quelle catégorie vous appartenez.

Au fur et à mesure qu'on vieillit, la peau devient automatiquement plus sèche même chez ceux qui ont plutôt une peau grasse.

Le soir, nettoyez votre visage et n'appliquez aucune crème dessus. Le lendemain matin, pressez une feuille de papier à cigarette sur plusieurs parties de votre visage. Si une trace visible apparaît sur le papier, vous avez plutôt une peau grasse. S'il reste parfaitement propre, cela tend à indiquer une peau sèche. Dans le cas d'une peau mixte, une marque se forme parfois au niveau du front, du menton ou près du nez. Si vous avez une peau normale, vous ne verrez que de légères traces au niveau du front et du nez. Quant à la peau sensible, on la reconnaît sans test à ses rougeurs, à ses petites squames et à d'autres irritations. Pour connaître votre type de peau, le moyen le plus simple et le plus fiable est de demander un diagnostic à votre esthéticienne.

Une peau sèche demande beaucoup de soins

Une peau sèche a besoin de soins et d'attention. Elle a des pores très resserrés, elle tire souvent et a tendance à desquamer auquel cas elle rougit et perd son éclat. Comme par ailleurs une peau sèche est assez fine et ne peut pas stocker beaucoup d'humidité, les premières rides apparaissent très tôt.

L'eau très chaude, le savon et les pains dermatologiques accentuent la déshydratation de la peau, surtout celle des mollets et des cuisses. Si vous avez une peau sèche, il vaut mieux ne pas prendre plus d'une douche par jour et éviter les bains très chauds fréquents. Après la douche ou le bain, il importe de la réhydrater avec de l'huile, de la crème ou un lait aux algues et à la centella pour le corps.

La peau sèche est un type que l'on voit plus fréquemment à la saison froide. Elle apparaît la plupart du temps à cause du contraste entre les températures extérieures assez basses et l'humidité de l'air et la température dans les bâtiments. À l'intérieur, les pièces sont souvent trop chauffées, la climatisation dessèche l'air de manière démesurée ou encore on n'aère pas assez. À l'extérieur, l'influence des ultraviolets n'est pas négligeable non plus car ils réduisent eux aussi l'hydratation de la peau. En revanche, si vous prenez soin d'aérer régulièrement votre appartement et de ne pas trop chauffer, vous faites déjà beaucoup pour votre peau. Malheureusement, il est impossible de contrôler la climatisation dans les immeubles de bureau. Mais si vous possédez une climatisation dans votre voiture, évitez de vous en servir en hiver.

Toutes les cellules du corps ont besoin d'eau, il leur faut au minimum 1,5 l par jour, et même de préférence 2 l ou plus. Deux hormones, la vasopressine et l'aldostérone régulent le teneur en eau de la peau. L'aldostérone contrôle le métabolisme du sodium et du potassium. Ces deux minéraux sont indispensables à une bonne répartition de l'eau dans le corps. En régulant la pression osmotique des liquides corporels dans les tissus, ils influent aussi sur la tension de ces tissus et sur l'état de la musculature. Pour stimuler l'activité de ces deux hormones, il ne suffit pas de boire suffisamment : il faut aussi que cette eau se fixe.

À partir de vingt ans, le corps ne cesse de perdre de l'eau. Ce phénomène est particulièrement sensible au niveau de l'épiderme. Il s'accompagne d'une diminution des sels minéraux et des électrolytes cutanées qui permettent à la

Trouver le produit idéal pour votre peau n'est pas évident. Avant de vous précipiter sur un cosmétique qui risque de ne pas vous convenir, demandez conseil au personnel compétent.

peau de conserver son humidité. Pour éviter que les tissus ne s'appauvrissent au fil des années, il est recommandé de prendre quotidiennement des sels minéraux, des oligo-éléments, des vitamines et des acides aminées supplémentaires. À titre d'exemple, Il suffit d'une gélule par jour de Multibiane® et d'Oxybiane® (de la marque Algologie®) pour lutter contre cette déshydratation qui, encore une fois, accélère le processus de vieillissement cutané.

C'est surtout au printemps après avoir passé beaucoup de temps dans une atmosphère desséchée par le chauffage que la peau sèche a besoin d'être traitée avec beaucoup de soin. Si elle tire, qu'elle desquame ou qu'elle rougit, il vaut mieux donner la préférence à une crème grasse. Cependant, la plupart des gens n'apprécient pas ces crèmes parce qu'elles ne pénètrent pas bien et font briller la peau. Malheureusement, une crème hydratante légère est néfaste pour une peau sèche. Elle accentue la déshydratation. Pourquoi ? Quand elle est déshydratée, la peau se plisse et va puiser l'eau dont elle a besoin en profondeur. Le liquide est transféré des couches profondes vers les couches supérieures de l'épiderme.

Heureusement, les produits cosmétiques ne cessent de se développer et aujourd'hui, il existe des préparations riches en graisse (appelées émulsions "eau dans huile" dans le jargon professionnel) et pénétrant rapidement (dans le jargon professionnel, on les appelle des émulsions "huile dans eau"). Ces crèmes "surgrasses" ne laissent aucun film luisant sur la peau mais ont tout de même une action intense. Les additifs comme l'huile de bourrache ou l'huile de pépins de raisin sont considérés comme très efficaces.

On peut également traiter la peau sèche par voie interne : des gélules à l'huile d'onagre, de bourrache ou de cassis contiennent des acides gras spécifiques (acides gras oméga 6) qui font souvent défaut à une peau sèche. Toutefois, le résultat n'est visible qu'à long terme, au bout de plusieurs semaines. Une autre solution consiste à boire chaque jour un jus de carotte et

Quel que soit votre type de peau, il est indispensable de vous démaquiller régulièrement.

à prendre en complément deux gélules d'huile de germes de blé. Il existe aussi des ampoules buvables, à base d'algues liquides par exemple, qui hydratent la peau de l'intérieur. Diluez une ampoule dans 1,5 l d'eau et buvez ce mélange en plusieurs fois au cours de la journée.

Une peau grasse est robuste et dénuée de rides

Elle a des pores ouverts et elle est sujette aux comédons. Elle brille parce qu'elle produit trop de sébum, elle semble plus épaisse car elle peut stocker davantage de sébum et d'eau. Voilà qui semble peu réjouissant mais cela a un grand avantage : une peau grasse est plus résistante qu'une peau sèche et elle se ride beaucoup moins vite.

Ce type de peau a besoin d'être nettoyé soigneusement. Certes, elle résiste bien aux influences extérieures mais elle peut être très sensible au sébum et à la sueur qu'elle produit. Le plus important, c'est donc de la traiter avec un produit antiséborrhéique. Les pains dermatologiques ou les gels nettoyants remplissent très bien cet office, les lingettes imprégnées d'agents nettoyants la débarrassent complètement de ses excès de sébum et de ses bactéries. Le savon, en revanche, surtout s'il n'est pas rincé soigneusement, laisse un film qui peut provoquer des boutons. Les peelings et les douches régulières lui sont bénéfiques.

Toutefois, en cas d'inflammation, les soins ne doivent pas seulement éliminer l'excès de sébum. Il faut poncer délicatement la couche cornée et nettoyer les pores en profondeur pour que le sébum puisse s'écouler. Une crème désincrustante nettoie soigneusement les pores. Pour les dilater, plongez un gant de toilette dans de l'eau très chaude, posez-le brièvement sur votre visage et appliquez la crème de suite sur une peau parfaitement propre. Massez doucement puis essuyez avec précaution. Rincez ensuite avec de l'eau chaude et appliquez une lotion équilibrante. À présent, utilisez votre crème de jour habituelle. La nuit, si possible, il vaut mieux laisser respirer la peau tout en appliquant une lotion en bonne quantité pour que la capacité de la peau à retenir l'eau soit maintenue.

En cas d'acné sévère, des antibiotiques sont souvent administrés sous le contrôle d'un médecin. Il n'est pas rare non plus qu'on traite les boutons avec

Parfois, la sécheresse de la peau n'est pas due à un manque de sébum mais à l'absence d'un agent humectant naturel que l'on appelle l'urée. Il existe des crèmes spéciales contenant cette substance. Au bout de trois jours seulement au dire des experts, on constate une nette amélioration de la structure de la peau.

des hormones ce qui n'est pas sans risque car cette thérapeutique agit sur le centre de régulation hormonale du cerveau. Avant de recourir à des armes aussi puissantes, essayez d'abord d'épuiser l'intégralité des remèdes naturels dont vous disposez. Les gélules d'Oxybiane® à base de zinc ou d'orotate de zinc (de 20 à 30 mg par jour), l'huile de pépins de courge et les ampoules buvables contenant des filtrats de cellules d'algues mènent souvent à la guérison.

Mais attention, une hygiène excessive peut aussi nuire à la peau grasse, dans ce cas, elle se dessèche et produit encore plus de sébum pour compenser ce déséquilibre apparent.

Pourtant, la peau grasse elle aussi a parfois besoin de crème. Certes, elle produit assez de sébum mais elle manque souvent d'eau. Pour l'entretenir, les produits qui ne contiennent pas d'huile sont les mieux adaptés. Il existe des produits aux algues extrêmement efficaces qui, en règle générale, améliorent très vite l'aspect de la peau.

Peau sensible : attention aux irritations !

Une peau qui a tendance à tirer et à rougir est considérée comme particulièrement sensible. Son système d'autodéfense est hyperréactif et son équilibre naturel est facilement perturbé. Seuls des soins appropriés permettent de restaurer cet équilibre. Mais que signifie exactement le terme "sensible" ? Une peau sensible a des pores très resserrés, elle est fine et sèche. La plupart du temps, elle est pâle avec des petits vaisseaux dilatés. Environ 70 % des femmes affirment avoir une peau sensible. D'où l'explosion des produits cosmétiques "doux" sur le marché. En réalité, une peau sèche est sensible et réagit en outre à certains composants.

Vous êtes allergique ? Testez ! Tous les produits de beauté naturels peuvent provoquer des réactions allergiques. C'est pourquoi il vaut mieux tous les tester, y compris ceux que vous avez fabriqués vous-même. Avant de les utiliser sur une grande partie du corps, appliquez les préparations au creux du coude et laissez agir pendant la nuit. Si le lendemain, vous ne constatez aucune rougeur ou aucune démangeaison (ou toute autre irritation), vous pouvez employer le produit les yeux fermés.

Si vous avez une peau sensible, vous avez besoin de soins particulièrement nutritifs qui graissent et hydratent suffisamment le corps. Si elle est bien hydratée, elle est souple et douce de sorte que les germes, les substances aromatiques ou les bactéries qui franchissent l'épiderme ne peuvent pas causer de dégâts.

Il est très important de ne pas irriter une peau sensible. Les substances aromatiques par exemple posent quelquefois problème : les crèmes ou les additifs très parfumés conviennent rarement à ce type de peau. Pour tester les soins, sentez-les : ceux qui ont un parfum prononcé peuvent être irritants. Il en va de même pour les conservateurs : les substances qui tuent les germes (pour que les cosmétiques se conservent le plus longtemps possible) sont parfois dangereuses pour la peau. Par conséquent, renseignez-vous sur les composants de ces produits et leurs effets. Les émulsifiants s'apparentent aux principes tensioactifs et donc aux agents nettoyants et peuvent rendre la peau sèche et rugueuse. Tenez-en compte lors de vos achats. La céphaline, la lécithine et l'algine en revanche ne présentent aucun danger. Les huiles essentielles, souvent utilisées dans les cosmétiques naturels, ont l'inconvénient de pénétrer profondément dans la peau et de susciter ainsi des effets indésirables. Les acides de fruits rendent la peau plus fine et par conséquent plus sensible. Il ne faut pas y recourir trop souvent.

Une peau sensible n'est pas forcément synonyme d'allergie. Mais quand on est allergique la peau réagit très facilement. C'est pourquoi, si vous avez trouvé des soins fiables et non irritants, ne tentez pas d'expériences hasardeuses.

La peau normale : une chance

Elle a des pores resserrés, elle est lisse et rose. Aucune zone grasse ne trouble son aspect impeccable. Sa teneur en eau et sa production de sébum sont parfaitement équilibrées. Cette situation idéale ne se rencontre cependant que chez les personnes jeunes. Avec l'âge, la peau normale devient plus sèche et des problèmes apparaissent. Ce type de peau ne nécessite pas de précaution particulière, mais il faut de toute façon lutter contre le processus naturel du vieillissement biologique.

Le peeling libère la peau

La peau se renouvelle à peu près tous les 28 jours. Avec l'âge cependant, ce phénomène se ralentit et un nombre croissant de petites peaux mortes s'accumulent à la surface de l'épiderme lui donnant un aspect irrégulier et terne. Il faut éliminer ces dépôts en douceur. Pour cela, on utilise une méthode que l'on appelle le gommage. Les peelings réguliers facilitent la régénération naturelle de la peau.

Les gommages doux ont une action plus superficielle.

Les peelings biologiques agissent grâce à des ferments et des enzymes. Très puissants, ils doivent être réalisés par les professionnels uniquement.

Il existe différentes sortes de gommages adaptés à chaque type de peau. On distingue tout d'abord le gommage pour le visage de celui pour le corps. Tandis que le corps doit être traité de préférence avant le bain, il vaut mieux appliquer le peeling pour le visage après le bain seulement.

Le gommage mécanique est la méthode la plus simple. La lotion contient de toutes petites particules abrasives que l'on masse à la surface de l'épiderme en effectuant des mouvements circulaires. Ce procédé fait partir les cellules mortes. Pour cela, on peut utiliser des produits vendus dans le commerce dont les particules abrasives sont par exemple en cire. Autre produit pour un peeling simple et rapide du corps, le savon qui gomme en douceur grâce à ses particules d'algues.

Brossez votre peau pour qu'elle soit propre !

Il est également possible de faire un gommage avec une brosse pour le corps, une éponge ou un gant de massage. Dans ce cas-là, on frotte avec de petits mouvements circulaires qui éliminent les cellules mortes. Pour les peaux sensibles toutefois, il vaut mieux se servir d'un gant ou d'une éponge douce afin d'éviter les irritations. Le "peeling de soie indien" qui consiste à masser la peau avec de minuscules boucles de soie attachées à un gant de massage est particulièrement recommandé.

Le massage sec à la brosse, pratiqué exceptionnellement sur peau sèche, est la variante la plus efficace mais aussi la plus fatigante du peeling pour le corps. Elle permet d'éliminer les particules cutanées superflues et de stimuler en même temps le flux lymphatique. Cette technique équivaut à vingt minutes de gymnastique ou à un massage.

Pour ce type de massage, on commence systématiquement par la plante des pieds et on remonte le long des jambes. On caresse chaque partie du corps avec de grands gestes. Après les jambes, on passe aux bras et au buste. Le massage s'effectue toujours en direction du cœur.

Pour finir vient le tour du ventre que l'on frotte en formant des cercles et en tournant dans le sens des aiguilles d'une montre. Ensuite, on va prendre une douche chaude et après s'être essuyé, on applique une émulsion hydratante.

Le Visage : carte de visite de l'être humain

Un visage soigné est la carte de visite de l'être humain. Plus qu'aucune autre partie du corps, il est sans cesse exposé au vent et au soleil, il doit supporter les gaz d'échappement et les produits toxiques pour l'environnement. C'est pourquoi la peau du visage a besoin d'une hygiène, d'une protection et de soins particuliers.

Après s'être détendu dans un bain, on peut se consacrer par le menu aux soins de beauté. C'est par exemple le moment idéal pour bien s'occuper de son visage. Le nettoyer en profondeur est primordial car le bain a créé les meilleures conditions requises : la peau est bien irriguée et réchauffée, c'est à dire prête à absorber parfaitement les soins. On commence donc par le gommage du visage en choisissant le produit qui convient parmi les peelings haut de gamme.

Pâte lavante pour la peau grasse

Les peaux mixtes et grasses ont besoin de soins différents. Une pâte de lavage fabriquée avec de la poudre d'amandes et du lait est très bénéfique. À utiliser une fois par semaine. Mélangez 250 ml de lait entier avec une tasse de poudre d'amandes et 30 ml d'huile d'amande douce. Appliquez cette pâte immédiatement sur le visage en veillant à éviter le contour des yeux. Massez avec de petits mouvements circulaires puis rincez à l'eau chaude. Lors d'un nettoyage en

profondeur, la peau doit être débarrassée de toute trace de saleté et de maquillage mais les soins doivent être doux et non irritants.

Gommage pour le visage

Autre solution pour nettoyer en profondeur, le gommage pour le visage. Selon votre type de peau, il peut être pratiqué jusqu'à trois fois par semaine. La règle est la suivante : plus une peau est sensible et sèche, plus les peelings doivent être espacés et doux.

Répartissez une dose de gel ou de crème de la taille d'un petit pois sur le visage humidifié et massez avec de petits mouvements circulaires. Insistez sur les parties du visage où les pores sont ouverts et où se trouvent la plupart des glandes sébacées, sur le front, le menton et le nez.

Pour les soins : crèmes, pâtes et masques

Tamponnez votre visage avec une serviette douce pour le sécher et appliquez une crème douce ou une lotion. Les substances naturelles hydratent et nourrissent très bien la peau. On peut améliorer les crèmes achetées dans le commerce en leur ajoutant des produits nutritifs. Mélangez par exemple une grande cuillère à soupe de votre crème nourrissante – de préférence à base de produits naturels – avec une quantité égale de yaourt, de fromage blanc, de jus de citron ou de miel. Choisissez les ingrédients en fonction de votre type de peau.

Pour une peau grasse, un mélange de crème équilibrante et de yaourt est approprié. Pour une peau sèche, on peut opter pour une préparation à la banane : écrasez le quart d'un fruit mûr et délayez dans 1cuil. à café de crème nutritive. Ajoutez encore 1 cuil. à café d'huile d'olive et une giclée de citron. On peut aussi entretenir une peau sensible avec une crème moussante à l'avocat : pour cela, prenez 1 œuf, séparez le blanc du jaune et battez le blanc en neige bien ferme. Diluez le jaune dans 30 ml d'huile d'avocat puis ajoutez 1 pincée de sel et 1 cuil. à café de jus de citron et de vinaigre de pomme. Incorporez doucement au blanc en neige. Mettez au frais dans des coupelles propres.

Les masques et les pâtes pour le visage apportent à la peau toutes les substances dont elle a besoin et peuvent remplacer les crèmes. Là encore, il

Appliquer correctement les pâtes et les masques

- Avant chaque masque, le visage doit être nettoyé avec soin pour rendre la peau plus réceptive. L'idéal est de chauffer cette dernière avec des compresses chaudes.
- On applique les crèmes et les pâtes avec une spatule flexible ou un large pinceau en évitant toujours les yeux, la bouche et le cou. Ces zones sensibles font l'objet d'un traitement spécifique : on peut par exemple poser des sachets tièdes de camomille sur les yeux fermés pour se détendre et enduire les lèvres de pommade. Il vaut mieux éloigner les cheveux du visage à l'aide d'un bandeau.
- On applique le masque en partant systématiquement du menton, en continuant sur les joues et en allant jusqu'au front. On enduit ensuite la partie du nez située juste sous les yeux et on termine par les ailes du nez. Si l'on traite également le cou, on ne passe de crème que sur les parties latérales.
- On laisse poser le masque ou la pâte de 10 à 20 minutes sur le visage. Pendant qu'il agit, mieux vaut se relaxer.
- Ensuite, on amollit le masque avec une éponge végétale trempée dans l'eau tiède puis on rince le visage, toujours à l'eau tiède. Pour terminer, on tamponne la peau avec une serviette.

est possible d'employer de nombreux additifs naturels et de fabriquer soi-même les soins ou bien de se servir des cosmétiques qui sont en vente dans le commerce et ont fait leurs preuves .

Les masques et les pâtes sont des "créateurs de beauté" classiques qui ont un effet immédiat. Toutefois, ils ne produisent de résultat durable qu'à condition d'être appliqués régulièrement. Comme ils forment un film sur la peau, il ne faut jamais les poser pendant le bain mais avant ou après. Jadis, on allait aussi se coucher avec un masque sur le visage mais les produits modernes sont tellement actifs que cela n'est plus nécessaire.

Masque au concombre

Le masque au concombre fait partie des grands classiques. Il n'est pas très compliqué puisqu'il suffit de laisser des rondelles de concombre sur le visage pendant 20 minutes. Toutefois, cette méthode tonifiante et rafraîchissante convient uniquement aux peaux grasses. Si vous avez une peau mixte, évitez les zones plutôt sèches.

Masque express pour peau mixte

1 goutte d'huile de lavande
1 goutte d'huile de romarin
1 ml de miel d'apiculteur pur
eau de mer en spray

Diluez 1 goutte d'huile de lavande et 1 goutte d'huile de romarin dans 15 ml de miel d'apiculteur pur. Appliquez en mince couche sur le visage. Évitez bien sûr le contour des yeux ! Au bout de 15 à 20 minutes, enlevez le masque et faites une brumisation à l'aide d'eau de mer en spray. Laissez sécher votre peau sans tamponner.

Masque nutritif parfumé

4 rondelles de banane
5 ml d'huile de jasmin diluée

Écrasez à la fourchette 4 rondelles de banane mûre et versez goutte à goutte 15 ml d'huile de jasmin diluée. Mélangez cette masse jusqu'à ce qu'elle ait une consistance homogène.

Ce masque pour le visage nourrit et hydrate la peau, il éclaircit le teint et tonifie grâce au jasmin. Ôtez-le au bout de 15 à 20 minutes avec deux éponges végétales trempées dans l'eau tiède.

N'oubliez pas que le jasmin est contre-indiqué pendant la grossesse et l'allaitement, même sous forme de thé. En effet, il stimule l'utérus et risque de réduire la production de lait.

Bain au miel et à la crème

2 cuil. à café de miel
2 cuil. à soupe de crème fraîche
$^1/_2$ tasse de flocons de germes de blé

Les remèdes les plus simples sont souvent les meilleurs surtout quand il s'agit de traiter une peau sèche ou sensible. On trouvera les ingrédients nécessaires dans son réfrigérateur pour fabriquer par exemple le masque au miel et à la crème fraîche. Mélangez 2 cuil. à café de miel avec 2 cuil. à soupe de crème fraîche. Ajoutez ensuite quelques flocons de germes de blé de façon à obtenir une pâte liquide épaisse. Laissez agir un quart d'heure puis rincez à l'eau tiède.

Masque hydratant à l'avocat

Voici un masque hydratant à l'œuf et à l'avocat pour les peaux sèches : évidez un $^1/_2$ avocat et écrasez-le à la fourchette. Séparez ensuite le jaune et le blanc d'œuf et mélangez le jaune avec la purée d'avocat. Incorporez bien les deux et agrémentez d'un peu de jus de citron. Répartissez la pâte uniformément sur le visage et laissez agir environ 20 minutes. Rincez ensuite à l'eau tiède.

$^1/_2$ avocat
1 jaune d'œuf
1 cuil. à café de jus de citron

Masque au persil

Le persil est bon pour les peaux sensibles. Pour préparer un masque, mélangez 1 bouquet d'herbes fraîches finement hachées avec 3 à 4 cuil. à soupe de fromage blanc. Appliquez cette pâte. Laissez agir 30 minutes et rincez à l'eau tiède.

1 bouquet de persil
3 à 4 cuil. à soupe de fromage blanc

Masque à la pomme de terre

Ce masque est entièrement naturel. Cuisez 3 jeunes pommes de terre en purée. Ajoutez 3 cuil. à soupe de levure de bière, 2 cuil. à soupe de yaourt nature et 5 ml d'huile de genévrier diluée. Appliquez cette pâte et laissez agir de 15 à 20 minutes avant de rincer.

3 jeunes pommes de terre
2 cuil. à café de levure de bière
2 cuil. à café de yaourt nature
5 ml d'huile de genévrier diluée

Très efficaces : les masques relaxants

Les péloïdes sont des substances organiques et non organiques apparues au fil des millénaires sur terre et sous l'eau. La vase et la tourbe, la tourbière et la terre médicamenteuse, la glaise et l'argile en font partie. Mais un masque au péloide sert uniquement de base, on lui ajoute différents fruits en fonction de son type et de ses problèmes de peau. À titre d'exemple, on choisit volontiers le kiwi parce qu'il reminéralise les cellules ou encore les myrtilles à cause de leurs propriétés antiseptiques. Les masques au péloide en vente dans le commerce se diluent dans de l'eau chaude, on ajoute les fruits puis on applique sur le visage.

Le masque anti-stress rafraîchit et détend. On associe une base constituée de différentes huiles essentielles – la composition est choisie en fonction du type de peau – avec un masque aux algines.

Le masque marin a l'odeur des vacances au bord de la mer et provoque le même effet. Il est préparé avec des extraits ce moules et d'huîtres délayés dans une bouillie d'algues. Le mélange donne une pâte très efficace qui a une action incomparable sur la peau. Cette combinaison est un mélange unique de substances naturelles que seule la mer est capable d'offrir.

Toutes les astuces beauté pour le visage

Pour compléter cette présentation de l'hygiène idéale du visage, passons en revue les astuces les plus importantes.

Soins des yeux : privilégiez la douceur !

Les yeux sont des "voyeurs" au sens propre du terme, c'est pourquoi ils nécessitent des soins particuliers. Le contour des yeux fait partie des zones les plus sensibles du visage. Lorsqu'on applique crèmes, pâtes et masques, il faut souvent éviter cette zone pour empêcher les irritations. Toutefois, un entretien avec des produits doux s'impose.

Les paupières supérieures ou inférieures gonflées sont souvent liées à la fragilité du tissu conjonctif au niveau duquel un œdème tend à se former lorsque la lymphe s'accumule. Ce phénomène peut avoir des causes variées. Citons les déséquilibres hormonaux ou encore le manque de mouvement inévitable la nuit qui peut empêcher l'écoulement de la lymphe. Plus on dort longtemps, plus le gonflement risque de s'accentuer. Dans ce cas, il n'y a qu'un seul remède : n'appliquez pas de crème grasse mais un gel contour des yeux, mangez peu salé et ne buvez pas trop après 17 heures. Vous favoriserez l'écoulement de la lymphe en dormant le plus à la verticale possible. Si le gonflement reste le même jour et nuit, cela signifie qu'une trop grande quantité de cellules adipeuses s'est déjà accumulée dans les paupières. Dans ce cas, la chirurgie plastique est le seul recours.

Pour que vos paupières inférieures désenflent, procédez de la manière suivante : après avoir nettoyé soigneusement la peau – il faut la débarrasser de tous les résidus gras laissés par le lait démaquillant – versez l'extrait liquide destiné à évacuer la lymphe sur une compresse de gaze ou de coton et laissez poser au moins 5 minutes sur les zones de la paupière inférieure à traiter. Appliquez ensuite le reste du produit en massant légèrement.

Il faut également prendre en compte les transformations de l'œil liées aux inflammations. Si en plus, les yeux sont rouges et qu'une sécrétion s'écoule au niveau des angles, vous devez consulter un ophtalmologiste. En attendant, vous pouvez adopter le traitement suivant :

Les compresses fraîches soulagent. Enveloppez des glaçons dans un torchon que vous poserez sur le contour des yeux. Ensuite, massez doucement en effectuant des cercles. Les coussinets "contour des yeux" que l'on trouve en pharmacie ont le même effet. Il s'agit de sachets synthétiques remplis de gel, à conserver au réfrigérateur.

Les compresses réalisées avec des sachets de thé sont très efficaces. Pour les préparer, versez un peu d'eau brûlante sur deux sachets de thé ou bien de tisane à la camomille. Laissez refroidir et posez dix minutes sur les paupières. À l'avenir, mettez vos sachets de thé usagés de côté pour ces compresses ! Les gels pour le soin des yeux à base de principes actifs naturels comme les algues, le marron d'Inde, le hamamélis ou le ginkgo sont excellents eux aussi. On les applique en tapotant le contour des yeux.

Pour ménager le tissu conjonctif, il vaut mieux renoncer à une consommation d'alcool excessive. En effet, ce dernier retient l'eau dans les tissus. La bière et la bière blanche, au contraire, les assèchent. Bien entendu, les tisanes légèrement diurétiques comme celles aux feuilles de bouleau, aux orties sont meilleures pour la santé mais le thé vert et le thé Pu-Ehr contribuent eux aussi au drainage des tissus. Naturellement, un petit verre de vin rouge ne nuit pas à la santé, bien au contraire, car il contient des anti-oxydants.

Des cernes apparaissent souvent après une soirée prolongée ou une journée de travail éprouvante. Même les plus sombres s'estompent quand on les badigeonne de fromage blanc qu'on laisse poser 20 à 30 minutes. Pour effacer ces cernes traîtresses, il existe un autre remède de grand-mère qui a fait ses preuves : les pommes de terre crues émincées. On les applique sur les yeux fermés mais on ne les garde que 3 à 5 minutes. Si vous êtes sujet aux cernes, vous devriez aider votre corps de l'intérieur et mâcher chaque jour à jeun quelques tiges de persil frais.

Dans le langage populaire, les ridules qui se forment autour de l'œil quand on rit portent le nom curieux de "pattes d'oie" ; heureusement, elles peuvent s'atténuer grâce à des compresses. Vous pouvez essayer ce remède traditionnel : versez une tasse d'eau bouillante sur 5 clous de girofle, couvrez et laissez infuser pendant 10 minutes. Une fois que la décoction a refroidi, appliquez-la en tamponnant le contour des yeux avec un disque de coton. Vous obtiendrez des résultats rapides grâce à des produits ultramodernes comme les pansements anti-rides proposés par certaines marques.

Couperose : n'irritez pas !

Si vous êtes sujet à la couperose, il vaut mieux éviter les bains très chauds et le sauna.

La couperose est un problème auquel un grand nombre de femmes sont confrontées. Des vaisseaux très fins que l'on appelle les capillaires sillonnent la peau. Leur diamètre est si petit qu'ils laissent tout juste passer les globules rouges. Une agglutination de globules rouges se produit dans les capillaires, elle se traduit la plupart du temps par des rougeurs diffuses qui se concentrent sur les zones du visage les plus exposées comme le nez, les joues et le menton. Ce défaut esthétique peut aller jusqu'à sa forme inflammatoire, l'acné rosacée. Elle est parfois liée à une fragilité innée du tissu conjonctif et à l'instabilité des parois vasculaires. Les pommettes qui deviennent écarlates après la consommation de boissons chaudes, d'alcool ou en cas de grand froid sont le symptôme évident d'une tendance à la couperose. Vous pouvez aussi tester votre sensibilité en étirant la peau de votre visage entre vos doigts, ce qui rend les veinules apparentes.

Si vous avez des problèmes de couperose, évitez tout ce qui stimule trop fortement l'irrigation sanguine. Sur la liste des soins contre-indiqués, citons les lotions pour le visage alcoolisées, les peelings à gros grains, les masques qui forment en masse lorsqu'ils sèchent et les bains de vapeur pour le visage. Au soleil, il faut protéger les zones concernées avec une crème à fort indice de protection contre les U.V. et un filtre infrarouge contre le rayonnement solaire. Il est nécessaire aussi de se protéger contre le froid extrême et le vent fort grâce à des crèmes destinées à cet effet.

Le traitement doit être à la fois interne et externe. Sur la peau, des produits de soin comme par exemple ceux de la gamme Couperosal® sont efficaces, pour la régulation interne de l'hydratation des tissus, vous devriez essayer les boissons aux algues ou Angiobiane®, un cocktail de flavines très riches, d'antioxydants et de vitamines.

Rides précoces : ne désespérez pas !

Si vous avez la peau sèche, vous devez malheureusement vous attendre à voir très tôt se former les premières rides. De même, vous risquez de payer de cette façon les bains de soleil prolongés. Dans le jargon professionnel, on parle pour ces rides précoces liées au soleil de "photovieillissement". Quand les rides se forment, la peau perd de l'élasticité et se déshydrate. Des soins adaptés permettent de retarder leur apparition. Les ampoules et les masques tenseurs agissent comme des petites injections d'énergie qui réduisent rapidement les rides, les affinent et les effacent. On dispose aujourd'hui de plusieurs produits anti-âge très efficaces. Que cette réussite vienne d'un supplément d'oxygène ou de substances nutritives végétales est affaire de goût personnel. On constate un nivellement des sillons, un rafraîchissement du teint et un lissage de la peau dans son ensemble.

Le tabagisme a des répercussions néfastes sur le métabolisme, en particulier sur la peau parce que la nicotine est très toxique pour les vaisseaux. Les goudrons qui sont à l'origine des cancers encrassent le tissu conjonctif qui joue le rôle de dépotoir du corps après les cellules adipeuses. La peau devient grise, terne et ridée. Évidemment, la meilleure solution consiste à arrêter de fumer. Mais il existe une autre solution pour soigner sa peau en tant que fumeur, on peut par exemple prendre des antioxydants et des substances végétales, surtout de la vitamine C – vous pouvez en prendre jusqu'à 100 mg par jour (si le médecin le juge utile). Certains remèdes traditionnels aussi sont efficaces : tamponnez régulièrement votre visage avec du jus de carotte fraîchement pressé. Ou bien coupez une pomme en tranches très fines et mélangez avec 1 cuillère à soupe de miel. Appliquez cette préparation comme un masque pour le visage et laissez agir 20 minutes. Rincez ensuite à l'eau tiède.

Pour un traitement anti-rides vraiment efficace et pratiqué dans les règles de l'art, il faut laisser faire votre esthéticienne. En plus de conseils diététiques et de cures spécifiques en ampoules, les esthéticiennes utilisent des masques à base d'algues et emploient des pansements anti-rides pour renforcer leur action. D'autres méthodes de soins efficaces sont basées sur les ultrasons et la ionophorèse.

Les pores dilatés : astuces pour avoir un teint délicat

Avoir une peau avec des pores dilatés ne signifie pas forcément que les pores sont bel et bien plus grands ou plus grossiers que la normale. Seule la partie visible, ce qu'on appelle l'extrémité du pore, est dilatée parce que la couche cornée est enflée à cet endroit à cause du sébum et de l'eau. C'est pourquoi, bien souvent, ce type de peau a un aspect luisant et gras.

Une telle peau nécessite des gommages fréquents, une à deux fois par semaine, plus espacés en hiver. Surtout ne frottez pas l'épiderme, massez-le délicatement.

Si vous complétez par un masque à la boue marine ou à l'argile deux fois par semaine, vous obtiendrez de bons résultats. Vous pouvez aussi essayer les applications régulières à la papaye. Évidez le fruit, réduisez-le en purée puis mélangez ensuite avec 3 à 4 cuil. à soupe de crème liquide et appliquez cette masse sur les zones du visage à traiter. Laissez agir une demi-heure puis rincez à l'eau tiède.

Pour l'entretien au quotidien, il existe des crèmes aux acides de fruits. Elles soumettent la peau à une sorte de gommage permanent et la rendent plus fine.

Rougeurs liées au stress : restez calme !

Elles sont dues à un stress nerveux et à une relative fragilité des vaisseaux sanguins. De même que certaines personnes transpirent ou souffrent de maux d'estomac quand elles sont sous pression, d'autres se retrouvent avec un visage constellé de rougeurs. Les soins doivent atténuer la sensibilité des nerfs et éviter d'accroître encore l'irrigation sanguine.

Les astuces suivantes peuvent aider à résoudre ce problème. Tout d'abord, renoncez aux produits de maquillage épais qui recouvrent la peau et préférez-leur des soins légers et frais. Il vaut mieux éviter les excitants comme le

D'autres marques sur le visage comme celles qui sont par exemple provoquées par des troubles de la pigmentation peuvent disparaître grâce à un remède de grand-mère, par exemple si l'on le tamponne régulièrement avec un mélange de jus d'oignon et de vinaigre de pomme, à condition de mettre le double de vinaigre. De cette manière, les taches s'estompent visiblement.

café, le thé ou l'alcool si vous voulez venir à bout de ces taches d'origine nerveuse.

La valériane et le millepertuis calment les nerfs de façon efficace et sans danger, ils ne nuisent pas à la concentration. La solution la meilleure consiste à apprendre une technique de relaxation comme par exemple le training autogène.

Quand il recommence à faire chaud, les sprays pour le visage (à l'eau de mer) aux actifs apaisants permettent de garder la tête froide. Il suffit de vaporiser, ces produits ne laissent pas de trace sur le maquillage.

Soins des lèvres : une protection très souce

On les préfère charnues et généreuses, mais la réalité est souvent bien différente : desséchées et pâles, craquelées et étirées. Les lèvres, extrêmement sensibles, sont pourtant exposées sans protection au soleil et au vent, elles doivent subir tout à la fois un soleil intense, un froid glacial, des pièces surchauffées et des épices très fortes.

Des lèvres sèches et gercées ont besoin d'être nourries et hydratées. L'idéal est de les entretenir régulièrement avec une pommade labiale. Essayez ce masque fait maison dessus : mélangez du fromage blanc et du miel à parties égales. Appliquez cette pâte sur les lèvres et laissez agir une demi-heure. Sur des lèvres gercées, on met de préférence de la crème fraîche ou du beurre doux.

1 cuil. à café de cire d'abeille en granules
4 cuil. à café d'huile de jojoba
$^1/_2$ tasse de miel d'apiculteur liquide
1 goutte d'huile de rose

L'herpès labial qui relève plus de la médecine n en demeure pas moins un problème esthétique. À partir du moment où l'on a été en contact avec le virus, ce qui est le cas pour la majorité de la population, la maladie risque de récidiver. Les expositions solaires intensives, le stress et les infections accompagnées de fièvres peuvent déclencher une poussée d'herpès. Dans ces cas-là, soignez-vous avec un extrait de rudbeckia et de millepertuis ou de citronnelle, considérée comme le meilleur remède en la matière. Les fortes démangeaisons seront atténuées par quelques gouttes d'huile de tea-Tree.

Fabriquez votre propre baume pour les lèvres à la rose. Faites fondre dans l'eau la cire d'abeille, l'huile de jojoba et le miel d'apiculteur en remuant énergiquement. Ôtez ensuite du feu et versez l'huile de rose. Mettez le baume dans un pot en verre à fermeture hermétique. Massez vos lèvres quotidiennement avec ce produit. Quand vous prenez un peu de baume dans le pot, utilisez toujours une spatule pour éviter de le souiller.

Boutons, comédons et compagnie

Bien qu'il n'existe aucun produit miracle contre les éruptions cutanées, de nombreuses précautions à suivre ont prouvé leur efficacité contre les boutons et autres comédons.

Ne tripotez pas vos boutons et vos comédons. En effet, vos doigts sont porteurs de germes qui risquent de pénétrer dans la peau et d'aggraver les choses. Les premiers à être victimes de ce problème esthétique sont les adolescents mais il touche aussi les individus qui ont la peau grasse et granuleuse.

La meilleure solution pour faire ressortir les impuretés reste le bain de vapeur pour le visage. Grâce à la vapeur chaude, les pores se dilatent encore plus et les bouchons de sébum solidifié qui obstruent les pores se dissolvent. Pour ces bains, les additifs antiseptiques comme la camomille, les fleurs de soucis, la sauge et le thym sont excellents. En versant 8 cuil. à soupe de sel dans 2 l d'eau très chaude, on obtient aussi un bain désincrustant. Ensuite enveloppez le bout de vos doigts dans des mouchoirs en cellulose et pressez chaque comédon en exerçant une légère pression dessous. Après avoir pris un bain de vapeur ou avoir posé une compresse chaude, on peut appliquer en complément une crème désincrustante comme le masque relaxant décrit ci-dessous, à renouveler de 3 à 4 fois par semaine.

$^1/_4$ de cuil. à café d'argile verte
$^1/_2$ cuil. à café de poudre d'amandes
$^1/_4$ de cuil. à café de poudre de flocons d'avoine
3 cuil. à soupe d'eau de rose
1 goutte d'huile de camomille
6 gouttes d'huile de germes de blé

Mélangez dans un saladier en verre de l'argile, de la poudre d'amande et de la poudre de flocons d'avoine. Dans un récipient plus petit, versez de l'eau de rose, de l'huile de camomille et de l'huile de germes de blé puis chauffez ce mélange doucement et laissez-le refroidir. Ensuite, versez petit à petit 5 à 10 ml de liquide dans cette masse sèche, Délayez jusqu'à l'obtention d'une pâte homogène. Appliquez en couche mince sur le visage, le cou et le décolleté. Évitez le contour des yeux. Laissez poser 10 minutes. Mettez ensuite un peu de lotion à l'eau de rose sur deux disques de coton en guise de compresse pour les yeux. Rincez le masque avec de l'eau de source.

L'huile de tea-tree est un remède naturel très efficace contre les impuretés de la peau. Soit on en verse quelques gouttes dans l'eau qu'on utilise pour se laver soit on applique sur chaque bouton avec un coton-tige trempé dans cette huile. Vous pouvez aussi tester ce remède : le soir avant le coucher, appliquez sur les zones à traiter un mélange de miel et de son de blé à parts égales. Le lendemain, rincez ce masque à l'eau tiède.

Montrer ses dents : astuces pour arborer un sourire éclatant

Une bonne hygiène dentaire est un facteur de bonne santé mais c'est aussi un "plus esthétique". Pour adresser à quelqu'un un sourire éclatant, encore faut-il ne pas avoir honte de ses dents.

Pour avoir de belles dents, il faut les brosser, par exemple avec une infusion chaude à la sauge, qui renforce aussi les gencives. Les dents blanchissent également si l'on remplace le dentifice par du sel. Évidemment, quand on opte pour les framboises, c'est meilleur : étalez une framboise écrasée sur votre brosse à dents et brossez-vous avec. Toutefois, ces remèdes traditionnels ne doivent être utilisés qu'à titre exceptionnel. Employez régulièrement un dentifrice de qualité. Pour le choisir, demandez conseil à votre dentiste.

Les buveurs de thé sont les premiers à avoir les dents teintées. Après chaque brossage, vous devriez vous rincer avec une cuillère à café de vinaigre de pomme. Prenez soin de bien faire circuler le vinaigre entre les dents. Les dents saines et l'haleine fraîche ne vont pas forcément de pair. Pour ne pas avoir l'haleine chargée, manger une pomme est excellent, y compris à titre préventif avant le coucher. Si vous mâchez quelques tiges de persil au lever, elles chasseront la mauvaise haleine. Enfin, pour lutter contre l'odeur de l'ail, il n'y a pas de meilleur remède que de manger quelques grains d'anis.

De beaux cheveux, des cheveux en pleine santé

Pas de belle coiffure sans de beaux cheveux. Malheureusement, beaucoup de gens négligent totalement la beauté de leur chevelure. Les conséquences sont catastrophiques car c'est à l'allure des cheveux qu'on reconnaît l'état physique et psychique de quelqu'un. Pour leur conserver toute leur vigueur et leur santé, il faut d'abord se nourrir correctement. Les vitamines, les minéraux et les oligo-éléments sont essentiels à la formation et la structure du cheveux. Les carences en ce domaine se répercutent sur eux : ils prennent un aspect terne et sans éclat, ils ont peu de volume et sont cassants. Les chutes de cheveux elles aussi, sont parfois liées à un déséquilibre alimentaire.

Problèmes de cheveux

Le cheveu, une tige de corne souple, se compose à 90 % de protéines élastiques, la kératine, ainsi que de sels minéraux et d'eau. La partie vivante est la racine appelée follicule. C'est là que commence un entretien efficace car le cheveu ne dispose ni d'un enzyme ni d'un processus métabolique comme

c'est le cas par exemple pour la peau. Il ne peut être nourri que par la circulation sanguine. Les protides, les acides aminés, les minéraux, les oligo-éléments, les vitamines et divers acides gras insaturés passent dans la racine et participent à la constitution du cheveu grâce à une alimentation quotidienne équilibrée ou grâce à des compléments alimentaires.

La partie extérieure visible du cheveu se compose de trois couches. Nous devons prendre particulièrement soin de la couche extérieure, la cuticule ! Ses cellules disposées comme des ardoises, constituées de corne, protègent le cheveu et doivent rester à plat. Si elles sont abîmées par des produits chimiques ou par une température trop élevée, le cheveu devient rugueux, terne, sec et sans éclat.

Sous la cuticule se trouve la couche corticale qui donne au cheveu son élasticité, sa force et répartit les pigments mélaniques. La troisième couche, en profondeur, la couche médullaire, cède ses substances nutritives à la couche corticale et la cuticule. La graisse du cheveu, appelé sébum, participe au processus. Formée dans les glandes sébacées, elle est secrétée au niveau de la racine. Le sébum fait en sorte que la couche extérieure constituée d'écailles se maintienne telle quelle, lisse et fermée, afin qu'elle ne se dessèche pas. Si les glandes produisent trop peu de sébum, le cheveu est sec et peut devenir cassant.

La surproduction de sébum rend les cheveux gras, poisseux et lourds. Si vous avez les cheveux secs et le cuit chevelu gras (séborrhée), deux traitements distincts sont nécessaires. Une racine grasse a souvent une origine hormonale et doit être traitée par le gynécologue.

Les problèmes de cheveux cassants et fourchus ne concernent pas seulement les cheveux longs. Il arrive aussi que les cheveux courts et secs soient fragilisés. Cela peut être dû à des shampooings trop fréquents, à l'influence des produits chimiques utilisés lors d'une décoloration, d'une teinture ou d'une permanente ou à l'action trop intense du soleil ou encore au fait que les racines ne sont pas suffisamment nourries.

La chute de cheveux peut avoir de multiples causes : elle peut être génétique ou acquise, ou encore être la conséquence d'une maladie, d'un médicament ou d'un traitement médical. Il est alors important de se faire établir un diagnostic par un spécialiste. Dans les cas graves, adressez-vous à un dermatologue.

Les meilleurs soins capillaires

Ne prenez pas n'importe quel shampooing car les soins capillaires commencent par le choix du shampoing adapté à votre type de cheveux. Prenez des produits neutres ou peu acides avec un pH situé entre 5 et 7. De cette façon, vous ne risquez de transformer la structure de la couche écailleuse. L'eau avec un pH supérieur à 7 suffit à décoller les écailles ! Le pH des produits pour les permanentes, les décolorations et les teintures va de 8 à 11.

En vous lavant les cheveux, respectez les règles suivantes : enlevez d'abord la laque et les saletés avec une brosse douce. Lavez aussitôt le peigne et la brosse. Lisez attentivement les conseils d'utilisation de votre shampooing : le temps de pose varie d'un produit à l'autre. Prenez ces indications au sérieux.

Changez plus souvent de shampooing pour apporter aux cheveux les principes actifs les plus divers possibles. Et n'oubliez pas : les bons shampooings lavent sans produire une montagne de mousse sur la tête.

Lavez les cheveux à l'eau tiède en effectuant des cercles du bout des doigts. Insistez particulièrement à la naissance du cheveu pour éliminer les restes de crème et de maquillage. Rincez abondamment sans tirer : les cheveux mouillés cassent plus facilement. Pour les démêler, il est recommandé de se servir d'un gros peigne.

Lorsque vous utilisez un sèche-cheveux, maintenez-le à 12 centimètres du crâne au moins pour éviter de soumettre la chevelure à une trop grande chaleur ou de l'emmêler.

Pour que la couche écailleuse des cheveux se referme, un dernier rinçage acide avec, par exemple, 1 cuil. à soupe de vinaigre de fruit ou le jus d'un demi-citron est recommandé. Si vous avez les cheveux permanentés et fourchus, l'utilisation d'un baume démêlant est indispensable, sans quoi vous seriez obligé de trop tirer sur les cheveux au démêlage, ce qui risquerait de les casser.

Un massage du cuir chevelu est excellent, il stimule son irrigation et permet de mieux oxygéner et nourrir le follicule. Massez en allant vers le milieu de la tête sans trop appuyer. Évitez de frotter. Évidemment, l'emploi d'une lotion très nutritive pour les cheveux s'impose. Vous pouvez renforcer l'action mécanique du massage par voie interne avec une boisson aux algues. L'extrait aqueux de l'algue *delesseria sanguinea* est excellent pour la racine du cheveu, il active la croissance cellulaire.

Après-shampooings, masques et bains aux huiles

Selon le temps que vous voulez y consacrer et selon l'état de vos cheveux, vous avez le choix entre des après-shampooings simples aux plantes, des après-shampooings très actifs pour les cheveux fourchus et difficiles à coiffer (indispensables pour les cheveux soumis à des traitements chimiques et à l'usage fréquent de produits coiffants), le spray reconstituant qui protège de l'électricité statique et les bains chauds à l'huile (ne forcez pas les doses quand vous utilisez des huiles essentielles solubles dans l'eau ou des solvants, sans quoi vous serez obligé de tirer sur les cheveux ou de passer un après-shampooing ensuite). Il existe aussi des mousses réparatrices pour les pointes fourchues : elles laissent sur le cheveu fraîchement lavé un film lissant microscopique. On obtient un résultat similaire avec un masque pour cheveux colorés ou permanentés : les substances pénètrent dans le cheveu et recouvrent les parties cassantes. Aujourd'hui, les chercheurs ont découvert des produits de grande qualité mais les cosmétiques naturels restent toujours aussi efficaces que du temps de nos grands-mères.

Si vous avez les cheveux gras, vous pouvez utiliser un après-shampooing à la bière comme fixateur avant de poser vos rouleaux, prévoyez alors un quart de litre de bière blonde. De nombreux après-shampooings aux plantes sont bon marché et faciles à trouver y compris ceux à base de henné, la plante la plus connue de toutes. Grâce à elle, les cheveux bruns prennent une teinte chaude et des reflets roux, les cheveux châtains une couleur rousse flamboyante. En revanche, le henné ne convient pas vraiment aux cheveux blancs, blonds ou décolorés. De toute façon, il vaut mieux faire un test avant emploi et regarder les indications données par le fabricant.

Recettes naturelles pour les cheveux

20 ml d'huile d'olive bio première pression
10 ml d'huile de romarin diluée
2 gouttes d'huile de camomille
1 goutte d'huile de lavande
2 gélules de vitamine E ou un peu d'huile d'onagre

Pour lutter contre les pellicules, que vous ayez les cheveux secs ou normaux, il existe un remède traditionnel très simple : mélangez de l'huile d'olive et de l'huile de romarin diluée avec 2 gouttes d'huile de camomille et 1 goutte d'huile de lavande. Ajoutez 2 gélules de vitamine E ou de l'huile d'onagre. Transvasez ce mélange dans une bouteille en verre teintée. La recette suffit pour 2 applications par semaine à faire après un shampooing doux. Massez doucement le cuir chevelu avec la lotion, mèche par mèche. Mettez aussi un peu de produit sur les longueurs. Laissez agir environ 30 minutes sous une charlotte puis rincez avec un shampooing doux.

15 ml de vinaigre de cidre ou de pomme
4 gouttes d'huile de romarin
2 gouttes d'huile de lavande
200 ml d'eau distillée

Pour fabriquer une lotion pour cheveux normaux à tendance grasse, prenez du vinaigre de cidre ou de pomme. Après avoir ajouté les huiles essentielles, mettez le tout dans une bouteille de verre teintée. Après avoir secoué énergiquement, ajoutez l'eau distillée et secouez encore une fois. Traitez vos cheveux avec cette lotion 1 à 2 fois par semaine, 3 s'ils sont particulièrement gras.

Pour soigner les cheveux secs, qu'ils soient fourchus ou pas, ce mélange, à appliquer avant le shampooing, est excellent. La quantité indiquée suffit pour 1 à 2 utilisations selon la longueur des cheveux. Mélangez l'huile et le miel et ajoutez les œufs. Massez les cheveux avec ce cocktail, entourez-les d'une serviette en éponge préalablement chauffée ou mettez un bonnet de douche et laissez agir 30 minutes. Rincez ensuite avec un shampooing doux. Vous pouvez varier cette recette et composer la lotion avec un œuf, de l'huile d'avocat et de l'huile de ricin.

2 œufs
2 cuil. à café de miel liquide
3 à 4 cuil. à café d'huile de chardon
ou encore :
2 cuil. à soupe d'huile d'avocat
1 cuil. à soupe d'huile de ricin
1 œuf

Il existe aussi sur le marché des shampooings naturels de qualité à base d'algues. Algologie "shampooing aux algues pour cheveux normaux" contient des algues micronisées (*fucus vesiculus*), des substances tensio-actives, des protéines de soie et de l'huile de lavande. Ainsi, le cheveu reçoit tous les principes actifs provenant de la puissance originelle de la mer. Contre les cheveux à tendance grasse, vous pouvez employer l'Algologie " shampooing au ghassoul" qui absorbe le sébum grâce à l'action équilibrante de l'argile africaine. L'Algologie " shampooing au monoï" convient très bien aux cheveux fins et secs, car il lave et nourrit simultanément, il agit contre le dessèchement et donne au cheveu un aspect satiné.

Les extraits d'algues peuvent être utilisés pour traiter tous les problèmes de cheveux. On peut renforcer efficacement leur action par voie interne en faisant une cure de gélules aux algues ou en prenant une boisson aux algues.

On fabrique l'huile de monoï en râpant de la noix de coco et en la faisant macérer avec des fleurs rares. On obtient ainsi une huile de grande qualité qui rend la peau souple et douce. C'est le produit idéal pour des cheveux secs, fourchus au niveau de la tige et de la pointe. Il est incorporé dans des shampooings et des masques aux algues. Lors du traitement, brossez-vous soigneusement les cheveux avec une brosse naturelle pour éliminer les saletés et la laque puis appliquez le masque à l'huile, laissez agir sous une compresse chaude en éponge pendant 15 minutes et rincez ensuite avec un shampooing au monoï, 2 fois si nécessaire.

Il est important aussi de laver ses cheveux dans les règles de l'art. Après les avoir humidifiés, posez dessus une noix de shampooing, massez énergiquement sans frotter et laissez poser de 1 à 2 minutes. Ensuite, rincez soigneusement. Si vous le souhaitez, vous pouvez faire une deuxième application. Rincer soigneusement signifie passer les cheveux imbibés de shampooing de 7 à 9 fois à l'eau claire. Si vous avez du mal à les démêler, utilisez impérativement un peu de baume démêlant juste après le shampooing et appliquez-le sur les longueurs. Rincez abondamment.

En cas de cuir chevelu sec, l'usage d'un après-shampooing est conseillé. Pour 1 à 2 utilisations, mélangez un $^1/_2$ avocat mûr écrasé à la fourchette, 1 cuil. à café d'huile d'avocat et 1 jaune d'œuf. Battez énergiquement avec un fouet. Appliquez en massant légèrement le cuir chevelu puis rincez à l'eau chaude au bout de 10 minutes.

$^1/_2$ avocat mûr
1 cuil. à café d'huile d'avocat
1 jaune d'œuf

Pour fabriquer un après-shampooing pour cheveux gras et fins, mélangez 5 cuil. à soupe de yaourt nature bio et 1 œuf. Massez le cuir chevelu avec cette préparation et rincez au bout de 5 à 10 minutes.

5 cuil. à soupe de yaourt nature bio
1 œuf

Pour les cheveux gris, vous pouvez concocter une pâte naturelle très efficace. Versez dans une théière 2 cuil. à soupe de sauge séchée et une cuillère à soupe de thé indien et remplissez-la d'eau frémissante. Laissez infuser 10 minutes avec un couvercle. Ensuite, délayez dans cette décoction du kaolin en poudre pour obtenir une bouillie et répartissez sur les cheveux. Rincez après un temps de pose de 20 minutes.

2 cuil. à soupe de sauge séchée
1 cuil. à soupe de thé noir indien
5 cuil. à soupe de kaolin
500 ml d'eau

3 cuil. à café d'huile de coco
4 gouttes d'huile de ylang-ylang

Pour protéger les cheveux contre les rayons du soleil, le chlore de la piscine ou en cas de bains de mer prolongés, on met sur le cuir chevelu et les longueurs un mélange composé de 3 cuil. à café d'huile de coco et 4 gouttes d'huile de ylang-ylang pure. Il est parfait pour faire un masque de 30 minutes destiné aux cheveux desséchés. Juste après, un lavage avec un shampooing doux est recommandé.

Après chaque shampooing, vous devriez utiliser une bonne lotion capillaire, par exemple aux algues. On l'applique sur le cuir chevelu et on masse du bout des doigts en effectuant des mouvements circulaires. Vous pouvez vous servir de cette lotion quotidiennement, notamment à titre préventif contre la chute de cheveux chez les hommes. Les actifs naturels très riches n'étant pas filtrés lors de la fabrication du produit, il faut le secouer avant l'emploi.

Plus les cheveux sont abîmés, poreux et secs, plus ils ont besoin d'être nourris. C'est à vous de déterminer la dose nécessaire en fonction de leur état. Une serviette en éponge chaude et humide ou un bonnet de douche en plastique garantit une pénétration plus profonde des principes actifs. Avant le rinçage final abondant à l'eau tiède, faites-en un premier léger. Pour finir, séchez bien vos cheveux, démêlez uniquement avec un peigne en corne ou en bois (pas de peignes synthétiques, ils provoquent de l'électricité statique !) et versez une lotion aux algues dans un coquetier ou un verre à liqueur puis appliquez-le sur le cuir chevelu mèche par mèche avec un peu de coton.

Les mains : les soins beauté

Les mains sont notre outil le plus précieux et pourtant, bien souvent, nous consacrons une attention insuffisante à leur entretien. C'est en effet souvent sur les mains que se fait remarquer le vieillissement et on devrait prendre un soin particulier à atténuer les marques laissées par le temps à cet endroit. Et puis, le lifting des mains n'existe pas. C'est pourquoi il faut les préserver tant qu'elles ont encore un aspect frais et jeune. Le premier impératif est encore une fois de les nettoyer correctement. Pour les laver, utilisez un savon doux. Et n'oubliez pas de les enduire de crème juste après. Une fois par semaine, les mains doivent avoir droit aussi à un traitement spécial. Il pourrait par exemple prendre la forme suivante :

Nettoyez les mains avec un gommage doux comme celui que vous employez pour le visage. Les produits enzymatiques en vente dans le commerce agissent par simple application et sont excellents. Un produit qui soigne la peau du visage abîmée soulage aussi les mains malmenées.

Pour soigner une peau rugueuse, y compris au niveau des avant-bras, optez pour un lait spécifique pour les mains que vous pouvez concocter vous-même très facilement. Du reste, cette préparation est aussi bénéfique pour les mains abîmées. Mélangez une cuillère à café d'huile de palmarosa diluée et d'huile d'amande douce avec une goutte d'huile de camomille pure et une goutte d'huile de lavande.

1 cuil. à café d'huile de palmarosa diluée
1 cuil. à café d'huile d'amande douce
1 goutte d'huile de camomille
1 goutte d'huile de lavande

Pour l'occasion, voici une crème protectrice spéciale pour les mains que nous vous recommandons. Elle est un peu compliquée à fabriquer. Faites fondre 15 g de cire d'abeille râpée au bain-marie et ajoutez en remuant 1 cuillère à café de miel et 160 ml d'huile d'amande douce. Dans ce mélange fondu, versez le contenu des 4 gélules d'huile d'onagre percées à l'aide d'une aiguille. Ajoutez à présent l'eau distillée en la versant goutte à goutte au début. Utilisez une spatule ou un fouet. Pour des questions d'hygiène, il est important que vous ayez désinfecté le récipient et l'ustensile en question avec de l'alcool (70 %). Dès que vous avez incorporé deux cuillères à café d'eau distillée dans le mélange, retirez la casserole du feu et versez lentement le reste. Pour finir, ajoutez, sans cesser de remuer, les huiles essentielles (5 gouttes de palmarosa, de néroli et de lavande). Tournez jusqu'à ce que le mélange épaississe. Une fois finie, la crème doit être transvasée de suite dans un pot en verre stérile avec un couvercle hermétique. Collez impérativement une étiquette avec la date de fabrication sur le pot car elle ne peut être utilisée que pendant 3 mois environ.

15 g de cire d'abeille râpée
1 cuil. à café de miel liquide
160 ml d'huile d'amande douce
4 gélules d'huile d'onagre
350 ml d'eau distillée
5 gouttes d'huile de palmarosa
5 gouttes d'huile de néroli
5 gouttes d'huile de lavande
Alcool pour désinfecter

Pour entretenir vos mains, appliquez la crème le soir. Enfilez ensuite de vieux gants en cuir. Complétez le traitement en prenant 1 gélule d'huile de bourrache et de capelan par jour. Cela permet de renforcer l'action externe par voie interne.

Fermes plutôt que flasques : les mains desséchées et la peau craquelée apprécient de prendre un bain chaud aux huiles par semaine. Pour cela, prenez de l'huile de palmarosa et de bourrache. Pensez à mettre des gants en cuir pendant la nuit, c'est important !

Rosées plutôt que rouges : les bains au lait chaud – à pratiquer deux fois par semaine – font disparaître les rougeurs prononcées au niveau des mains.

Sèches plutôt que moites : il est possible de traiter les mains moites. Contre la transpiration des mains, les lavages à l'alcool de camphre sont parfois efficaces.

Propres plutôt que tachées : il est rare que les travailleurs manuels aient des mains d'aspect propre et soigné. Les corvées ménagères, en particulier, laissent parfois des traces visibles. Pour nettoyer des mains qui paraissent sales après l'épluchage des pommes de terre, le mieux est de les frotter avec du vinaigre ou du jus de citron. Quant aux taches de nicotine, elles s'atténuent quand on humecte du sucre en poudre avec du jus de citron et qu'on frotte les mains avec ce mélange. Toutefois, seuls les gants ménagers assurent une protection optimale, c'est pourquoi il faut s'habituer à en porter systématiquement pour certaines tâches culinaires.

Parfumées plutôt qu'odorantes : les senteurs de cuisine "parfument" aussi les mains et mettent parfois très longtemps à s'en aller. Si vous voulez hacher des oignons, par exemple, enduisez-les auparavant d'huile d'olive, elles ne prendront pas d'odeur. Le sel humide lui aussi permet de lutter contre les odeurs d'oignons et de poisson, à condition de les utiliser après coup.

DES ONGLES DE MAINS EN PLEINE SANTÉ

Une main soignée se doit d'avoir des ongles solides. Cependant, conserver des ongles vigoureux et sains n'est pas si facile. En effet, ils réagissent très vite aux agressions extérieures, aux traitements inadaptés ou s'ils ne sont pas assez nourris. Des ongles sains demandent un entretien constant. En hiver, notamment, ils sont particulièrement sensibles. Les ongles durs, toujours secs, apprécient qu'on les hydrate. Choisissez une crème pour les mains enrichie grâce à des huiles naturelles comme par exemple l'huile d'amande douce. Appliquez également deux fois par jour sur les ongles vernis.

Les taches sur les ongles n'ont rien d'anormal si l'on applique des vernis puissants sans mettre de base protectrice. Ils laissent des taches jaunes peu esthétiques qui peuvent être éliminées grâce à un gommage. Il consiste à frotter la couche supérieure de l'ongle à sec.

Les ongles cassants sont le problème le plus fréquent. Ils apparaissent lorsque la substance qui cimente les différentes couches de l'ongle est abîmée. Le masque suivant vous permettra de résoudre le problème : mélangez 2 cuil. à café d'huile d'olive avec 2 cuil. à café de lécithine en poudre jusqu'à l'obtention d'une pâte et appliquez par légers massages une partie sur les ongles et le lit des ongles. Ajoutez le reste en couche épaisse et rincez à l'eau tiède au bout d'une demi-heure. Il existe aussi sur le marché des cures pour les ongles qui contiennent des agents reconstituants. La levure est aussi un bon remède contre les ongles cassants. Toutefois, elle ne donne les résultats escomptés qu'après une utilisation prolongée.

Le contour lui aussi doit être soigné : il ne faut pas couper les petites peaux mais les repousser avec un bâtonnet en bois. Si les cuticules sont craquelées et sèches, les bains à l'huile d'amande douce ou l'huile d'olive chaudes sont efficaces. On peut fabriquer soi-même très facilement une huile pour les ongles et les cuticules. Délayez dans un plat résistant à la chaleur 100 ml d'huile d'amande douce, 50 ml d'huile de ricin et 50 ml d'huile d'avocat avec 2 gouttes d'huile d'amande amère et 50 g de vaseline puis faites chauffer au bain-marie. Quand la vaseline a fondu et que les huiles se sont mélangées à elle, on laisse refroidir la masse que l'on place dans des récipients propres. Enduisez régulièrement vos doigts de ce mélange.

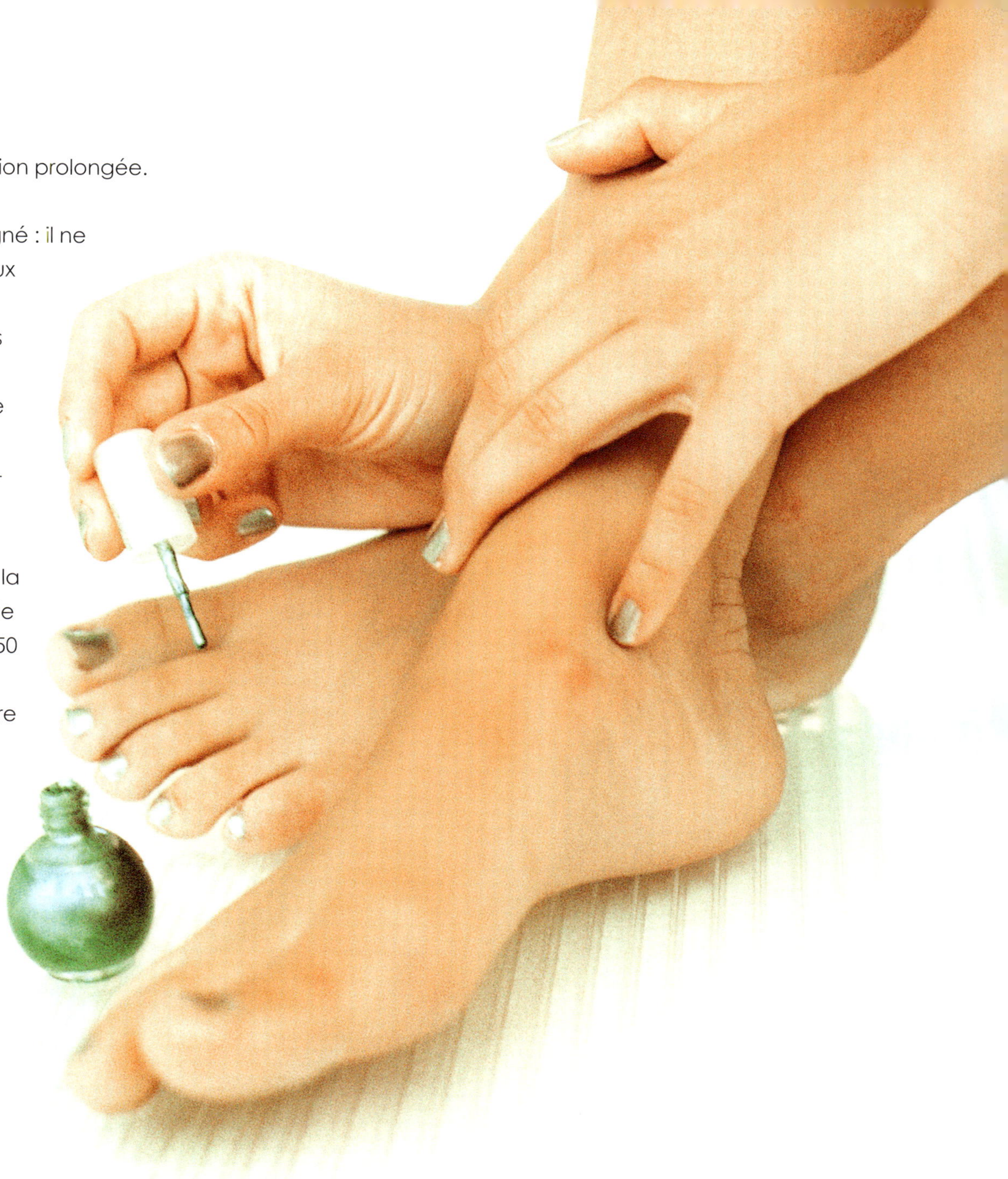

Les pieds

Les pieds et les ongles de pieds subissent le même traitement que les mains, on les néglige trop souvent. Leur santé et leurs performances sont selon l'expression consacrée "foulées aux pieds". C'est un tort et ceux qui vont voir un pédicure régulièrement évitent les risques. Quant aux autres, ils devraient se consacrer à leurs pieds eux-mêmes. Vingt minutes par semaine suffisent.

Les chaussures trop étroites sont une des causes les plus fréquentes des déformations du pied. Les points de pression provoquent des durillons, des ampoules douloureuses, des cors très gênants et des inflammations de l'ongle. L'après-midi, les pieds sont toujours un peu plus gros que le matin. C'est donc le bon moment (après 16 heures) pour s'acheter des chaussures.

Lorsqu'on fait son choix, les critères de mode devraient toujours céder le pas au confort, même si cette affirmation ne plaît pas à tout le monde. Au passage, il est faux de dire que les talons hauts provoquent forcément des problèmes de dos et de pieds. Au contraire, si vous portez alternativement des chaussures plates et des chaussures à talons, vous soumettez vos muscles à une saine gymnastique.

Après avoir pris pendant environ un quart d'heure un bain de pieds chaud le plus basique possible, lissez d'abord les endroits rêches avec une pierre ponce ou une râpe plantaire. Les ongles mous se coupent avec des ciseaux ; pour les ongles plus durs, une pince ou un coupe-ongles sont plus appropriés. Les limes en cristal (diamant, saphir ou céramique) permettent d'effectuer le polissage final. On repousse les petites peaux du pourtour de l'ongle (les envies) avec un bâtonnet en bois.

Les stries font partie des problèmes d'ongles de pieds les plus fréquents. Elles peuvent être le signe d'une carence en vitamine ou d'une infection. Le diagnostic doit être établi par un dermatologue. Une fois que la cause a été déterminée, on peut estomper les stries grâce à un polissoir jusqu'à ce que l'ongle repousse naturellement.

Comme pour les ongles des mains, beaucoup de gens ont les ongles des pieds cassants et secs. Pour résoudre ce problème, on peut soigner les doigts de pieds à l'aide d'un masque. Pour cela, vous n'avez nul besoin d'un équipement coûteux, il suffit de masser les doigts et les ongles avant le coucher à l'aide d'une huile de massage spéciale (on ajoute à une huile de massage 5 ml de lemon-grass, 1 goutte d'huile de géranium et 2 gouttes d'huile de santal) puis de se glisser dans des chaussettes de coton que l'on garde toute la nuit. Le lendemain, les pieds sont souples et lisses.

Les bains de pieds soulagent

En préalable aux soins des pieds, versez dans le bain quelques gouttes d'huile de lavande et d'huile d'amande douce.

Il est tout à fait normal d'avoir les pieds enflés et les jambes lourdes après une journée éprouvante. Les bains de pieds permettent de les revigorer : ainsi, la menthe poivrée régénère les pieds douloureux en très peu de temps. Versez 1 l d'eau bouillante sur 1 poignée de feuilles de menthe poivrée et laissez infuser

15 minutes. Puis filtrez l'infusion et baignez les pieds dedans pendant 10 minutes.

Le vinaigre de pomme est un bon remède contre la transpiration des pieds. Ce problème très gênant se guérit à long terme en trempant les pieds régulièrement dans un mélange composé d'eau et de vinaigre de pomme (mettez le double de vinaigre). L'effet intervient après une semaine d'utilisation seulement, à condition de prendre ce bain quotidiennement.

Voici une recette pour éliminer les callosités qui se forment au niveau des pieds : versez dans une bouteille de 30 ml, 3 cuil. à café de vinaigre de cidre et ajoutez 2 gouttes d'huile de santal pure. Fermez la bouteille et secouez-la énergiquement. Ajoutez juste après 10 ml d'huile de lemon-grass diluée et 5 ml d'huile de pépins de raisin. Secouez de nouveau. Conservez la bouteille au frais et à l'abri de la lumière et utilisez son contenu en l'espace de deux semaines. Faites d'abord tremper les pieds 10 minutes dans de l'eau chaude savonneuse pour ramollir la couche cornée. Puis séchez vos pieds et massez-les avec le mélange indiqué ci-dessus. Renouvelez l'opération quotidiennement pendant deux semaines.

Les contusions fort désagréables peuvent elles aussi disparaître en une nuit si l'on prend un bain de pieds basique aux herbes le soir. Après ça, faites chauffer de l'huile d'olive au bain-marie et massez les pieds avec. Mettez des chaussettes pour aller au lit.

Les jambes

Jupes courtes, shorts moulants, robes fendues sexy… Toutes ces tenues supposent d'avoir de belles jambes. Mais avoir ou même conserver de belles jambes n'est pas seulement un don de la nature, c'est surtout le résultat de soins intensifs.

La plupart des femmes sont persuadées que leurs jambes ne correspondent pas aux canons de beauté en vigueur. Trop courtes ou trop longues, trop grosses ou trop fines, tantôt c'est la cellulite, tantôt les varicosités qui gâchent le spectacle. La hantise la plus répandue est celle de la cellulite. Environ 80 % des femmes en souffrent. Il est donc bien compréhensible que la recherche et l'industrie cosmétique présentent sans cesse de nouvelles techniques de traitement et de nouvelles préparations. Bien entendu, il vaut

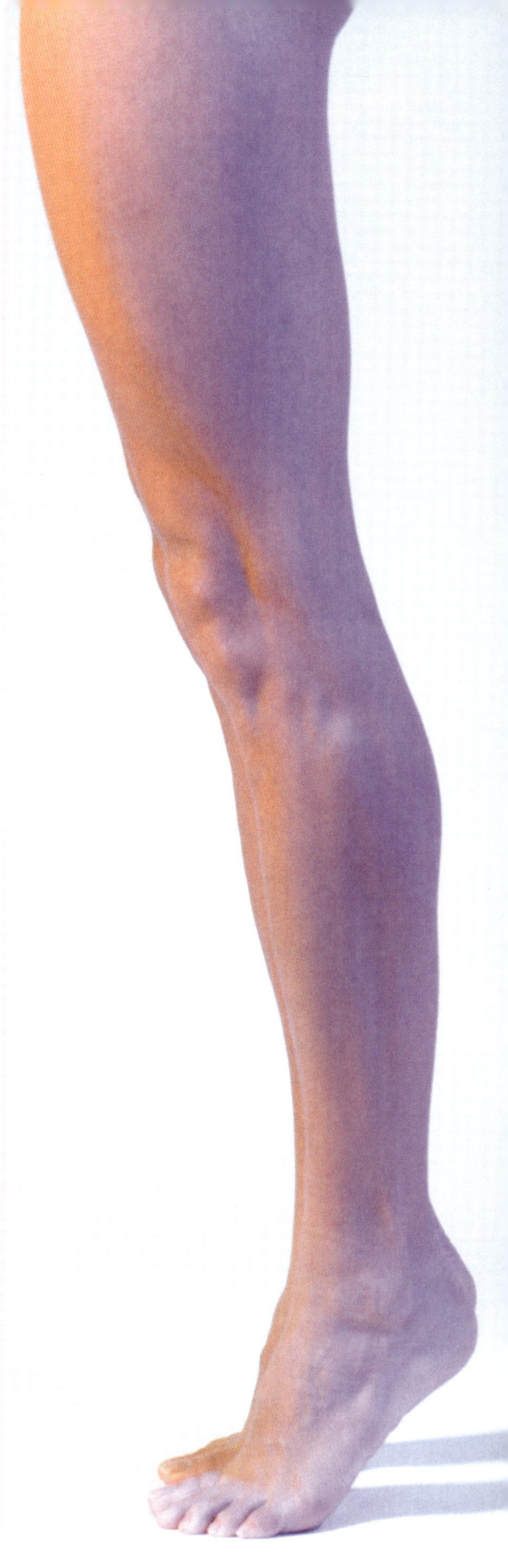

mieux garder une distance critique face aux promesses souvent ronflantes de la publicité car jusqu'à maintenant, on n'a pas trouvé de remède miracle qui permette de faire disparaître la cellulite en une nuit, en quelque sorte d'un coup de baguette magique. Elle est due à des causes multiples : troubles de la circulation sanguine, dérèglements hormonaux, alimentation déséquilibrée et manque d'exercice.

Par ailleurs, le simple diagnostic de la cellulite n'a rien d'évident. Si l'on pense en être victime, le mieux est de consulter une esthéticienne expérimentée qui, à l'aide d'un questionnaire et d'un entretien dressera une liste de facteurs et s'en servira pour établir un diagnostic fiable. Les tests qui déterminent l'état de la peau – celui de la peau d'orange et celui qui consiste à pincer la peau – ne sont pas les seuls déterminants, il faut aussi prendre en compte les informations concernant l'état de l'ensemble de l'organisme. Comment se passe la digestion ? Existe-t-il des facteurs héréditaires ? Certaines pathologies comme celles du foie ou des reins peuvent-elles être responsables de l'inflammation des cellules ? Même les atteintes de la colonne vertébrale, la fragilité du tissu conjonctif, les douleurs des jambes, les thromboses et les rhumatismes des parties molles peuvent jouer un rôle.

Une activité physique régulière fait également partie du traitement. De nos jours, dans les clubs de sport, sont proposés des cours spécifiques centrés sur les zones problématiques des cuisses et des fesses. En outre, tout ce qui fait travailler les jambes est bénéfique : le vélo, la nage ou le saut à la corde.

L'échographie est une méthode fiable pour mesurer l'ampleur de la cellulite. Pendant que le patient est allongé, on examine avec une tête à ultrasons les infiltrations des cellules. Si le tissu adipeux est inférieur à 15 mm, la plupart du temps, un traitement local suffit. S'il atteint une épaisseur de 15 à 45 mm, un traitement plus intense par voie interne et externe s'impose. S'il dépasse 45 mm, cela nécessite une thérapeutique globale de longue haleine.

Pour que le traitement réussisse, il importe de commencer tôt. Toutefois, pour observer des résultats, il faut faire preuve de patience et de discipline. Pour l'essentiel, cette thérapeutique a pour but de stimuler l'irrigation, de retendre les tissus et de brûler les graisses. Les algues se sont avérées très efficaces en la matière. Elles sont combinées en cure interne et externe (bains d'algues, extraits d'algues, macérations d'algues, gels et masques aux algues). Ils raffermissent les tissus, régulent l'hydratation et détruisent les cellules adipeuses.

Si vous souhaitez vous attaquer sérieusement à la cellulite, vous devez surveiller votre poids. Les régimes stricts à la mode ne servent à rien, la seule solution consiste à comprendre soi-même ce qu'est une nourriture saine, c'est à dire équilibrée. Et il faut également savoir que l'oxygénation du corps ou le

Éliminer les poils indésirables que nous avons sur les jambes

Les poils qui recouvrent nos jambes posent surtout un problème esthétique, avec la meilleure volonté du monde, cela ne se "guérit" pas. Quelle méthode choisir pour se débarrasser de ces gêneurs ? Cela dépend de votre tolérance à la douleur et de la durée escomptée du résultat. Vous avez le choix entre les méthodes suivantes :

Éliminer avec une crème

Les produits dépilatoires vendus dans le commerce sous forme de mousse ou de crème agissent grâce à des principes actifs qui dissolvent la kératine sous la peau. Peu après l'avoir étalée, on peut ôter la pâte avec une spatule et les jambes sont lisses. Toutefois, l'opération doit être pratiquée environ 1 fois par semaine.

Raser en un clin d'œil

Sur peau sèche ou mouillée, l'effet est le même. L'avantage du rasage : il va vite et il est indolore. Mais l'inconvénient, c'est que les poils repoussent en l'espace de quelques jours et plutôt hérissés.

Arracher soigneusement

C'est ce qu'on appelle l'épilation. Les épilateurs électriques arrachent les poils avec leurs petites pinces rotatives. La première fois, l'opération est relativement douloureuse parce qu'elle tire sur le poil mais on s'y habitue assez vite. L'avantage notable de cette technique : les poils ne repoussent qu'au bout de 3 à 4 semaines et sont très fins.

L'épilation traditionnelle

La technique traditionnelle de l'épilation à la cire ou à la cire orientale "halawa" agit en profondeur et est un peu douloureuse. On a à peu près la même sensation qu'en arrachant un pansement collé sur la peau. La méthode la plus simple est celle qui emploie de la cire froide. Il existe des bandes prêtes à l'emploi que l'on pose sur l'épiderme. La cire chaude, en revanche, doit être appliquée avec précision pour recouvrir tous les petits poils. Détail important : il faut étaler la cire dans le sens de la pousse du poil et la retirer en sens inverse. Cette règle vaut également pour l'épilation à la cire orientale "halawa". L'avantage de ce type d'épilation : les jambes restent lisses de 3 à 4 semaines, les poils repoussent sans être hérissés. Mais, encore une fois, ce traitement n'est pas agréable.

manque d'oxygène dépend en grande partie de la nature de ces cellules adipeuses et que brûler les substances nutritives est une partie importante du métabolisme global. Il faut parfois avoir recours à un médecin si le métabolisme des graisses semble être durablement perturbé. Par ailleurs, il est conseillé de boire beaucoup, environ 3 l d'eau minérale ou de jus de légumes frais par jour et au moins un quart de litre le matin.

Il existe un autre problème de jambes très répandu : ce qu'on appelle les varicosités. Il s'agit de microvaisseaux dilatés qui forment une sorte de fin réseau bleuâtre et apparaissent principalement sur les cuisses et les chevilles. Cela peut être dû à une fragilité du tissu conjonctif ou encore révéler des troubles veineux plus profonds. De toute façon, il est recommandé de faire un doppler chez un médecin car seule la fragilité superficielle du tissu conjonctif se soigne à l'aide de produits cosmétiques.

Les douches chaudes et froides alternées sur les jambes peuvent être une bonne gymnastique veineuse. Lors de cette thérapeutique, on remonte le long des jambes tour à tour avec le jet d'eau chaude ou froide, en commençant toujours par l'extérieur de la jambe puis en passant à l'intérieur. Ce traitement est contre-indiqué en cas de troubles veineux sévères.

Une belle poitrine

Pour la plupart des femmes, une belle poitrine compte autant qu'un visage soigné. Et pourtant, une majorité d'entre elles ne sont pas satisfaites des attributs que la nature leur a donnés. Trop petite ou trop grosse, trop relâchée ou dissymétrique… la liste des prétendus défauts est longue. Si la taille des seins peut être modifiée par intervention chirurgicale, il faut agir soi-même pour qu'ils soient bien fermes. La poitrine féminine se compose surtout de cellules adipeuses, de la glande mammaire et du tissu conjonctif qui repose sur un grand muscle. Si ce dernier n'est pas stimulé de temps en temps, la poitrine devient tombante. La grossesse, la fragilité du tissu conjonctif, les mauvaises positions et les bains de soleil en série favorisent eux aussi l'affaissement des seins. Malheureusement, il n'existe aucun produit cosmétique qui permette de les remodeler ; en revanche, on peut prendre toute une série de mesures pour ne pas en arriver là.

On peut profiter des soins de la poitrine pour la palper régulièrement. Il est conseillé de rechercher d'éventuelles indurations en la parcourant du bout des doigts.

Soins et remèdes traditionnels

Les préparations spéciales pour la poitrine améliorent la microcirculation dans les tissus. Certes, elles n'augmentent pas la taille de la poitrine mais elles retendent la peau. La plupart contiennent des vitamines et des sels minéraux ainsi que des principes actifs anti-âge. Les frictions à base de jus d'ananas frais, de décoction d'alchémille des Alpes ou de coriandre moulue et de miel sont censées être de bons remèdes également. La purée de pommes crues est considérée comme une recette secrète : râpez deux à trois pommes et répartissez-les comme une pâte sur les deux seins. Laissez agir un quart d'heure et rincez sous le jet d'eau froide.

Jets d'eau froide et brosses douces

La peau qui recouvre le décolleté maintient la poitrine comme un soutien-gorge naturel. On s'en aperçoit nettement quand on lève le menton, on voit alors la poitrine se soulever un peu. Pour cette raison, le décolleté doit impérativement être inclus dans les soins. Les jets d'eau froide et l'usage de glaçons sont des recettes vieilles comme le monde et font réellement de l'effet. Après avoir pris sa douche, on peut par exemple asperger la poitrine d'eau froide (la pomme de douche doit être réglée de façon à ce que le jet soit le plus resserré possible) en tournant autour de chaque sein dans le sens des aiguilles d'une montre. Si vous avez le courage, frictionnez les seins avec un gant imbibé d'eau glacée ou avec des glaçons en procédant de la même manière. Le brossage à sec pratiqué le soir avec une brosse douce est une autre technique très efficace. Elle consiste à masser les tissus en effectuant des cercles. Évitez les mamelons pendant le massage.

Dos droit et exercices isométriques

Si vous êtes attentif à la façon dont vous vous tenez, la bataille est déjà à moitié gagnée. Alors, levez le menton, baissez les épaules et sortez la poitrine. Contrôlez plus souvent votre position dans la glace. Par ailleurs, la gymnastique permet de renforcer les pectoraux. Les meilleurs exercices sont les exercices isométriques qui font travailler la poitrine presque sans la faire bouger. Le salut indien est une posture simple à pratiquer chaque jour : placez les mains l'une contre l'autre devant la poitrine. Les avant-bras sont à l'horizontale et les coudes levés. À présent, pressez fortement les paumes l'une contre l'autre, maintenez la pression dix secondes puis relâchez. Répétez plusieurs fois l'opération. Les mouvements de brasse dans l'air stimulent également les pectoraux.

Encore quelques mots à propos du soutien-gorge. On continue à dire que porter un soutien-gorge affaiblit les muscles et qu'il vaut mieux y renoncer. C'est justement l'inverse qui est vrai : les tissus ont besoin d'être soutenus pour rester fermes. Un soutien-gorge à votre taille est tout à fait approprié.

Le cou et le décolleté eux aussi nécessitent quantité de soins rigoureux. Après avoir pris un bain, il vaut mieux traiter ces zones avec attention. Les enveloppements du cou sont parfaits pour ça. Préparez un enveloppement à l'huile de bourrache ou composé d'un mélange d'huile d'olive et d'huile d'amande douce à parts égales. Chauffez l'huile au bain-marie et entourez votre cou d'une bande de gaze imbibée de cette mixture. Pour renforcer l'action de la chaleur, vous pouvez recouvrir l'enveloppement d'un film plastique et entourer avec une fine serviette trempée dans de l'eau très chaude.

Des fesses fermes : toutes les astuces

Un postérieur bien ferme a des muscles toniques et une peau lisse. Les premiers résultent d'un entraînement constant, la seconde s'obtient grâce à des soins intensifs.

La gymnastique des fessiers se case assez facilement dans le programme de la journée. On peut la pratiquer n'importe où. Prenez par exemple cette exercice à exécuter en position assise : contractez à plusieurs reprises les fessiers comme si vous vouliez retenir un crayon à papier. Huit contractions suffisent. Ou encore : allongez-vous sur le dos et posez les talons contre l'assise d'une chaise. Exercez une pression contre l'assise pendant six secondes, en maintenant les fesses au sol. Là encore, renouvelez huit fois l'exercice.

Il existe une autre technique excellente pour avoir les fesses fermes : la catwalk. C'est la démarche chaloupée qu'adoptent les mannequins sur le podium. Cette démarche féline s'obtient en donnant une impulsion à la hanche au lieu de remuer les jambes parallèlement. Elle suppose un peu d'entraînement mais c'est une gymnastique pour les fesses qui peut se faire n'importe où n'importe comment. Renoncer à utiliser l'ascenseur et monter les escaliers à la place est une autre façon d'entretenir ses muscles.

Pour lisser et revitaliser la peau, offrez-lui un gommage par semaine. Il stimule la circulation sanguine et rend l'épiderme plus réceptif au soin suivant. Après la douche, enduisez bien la peau de crème pour l'hydrater suffisamment.

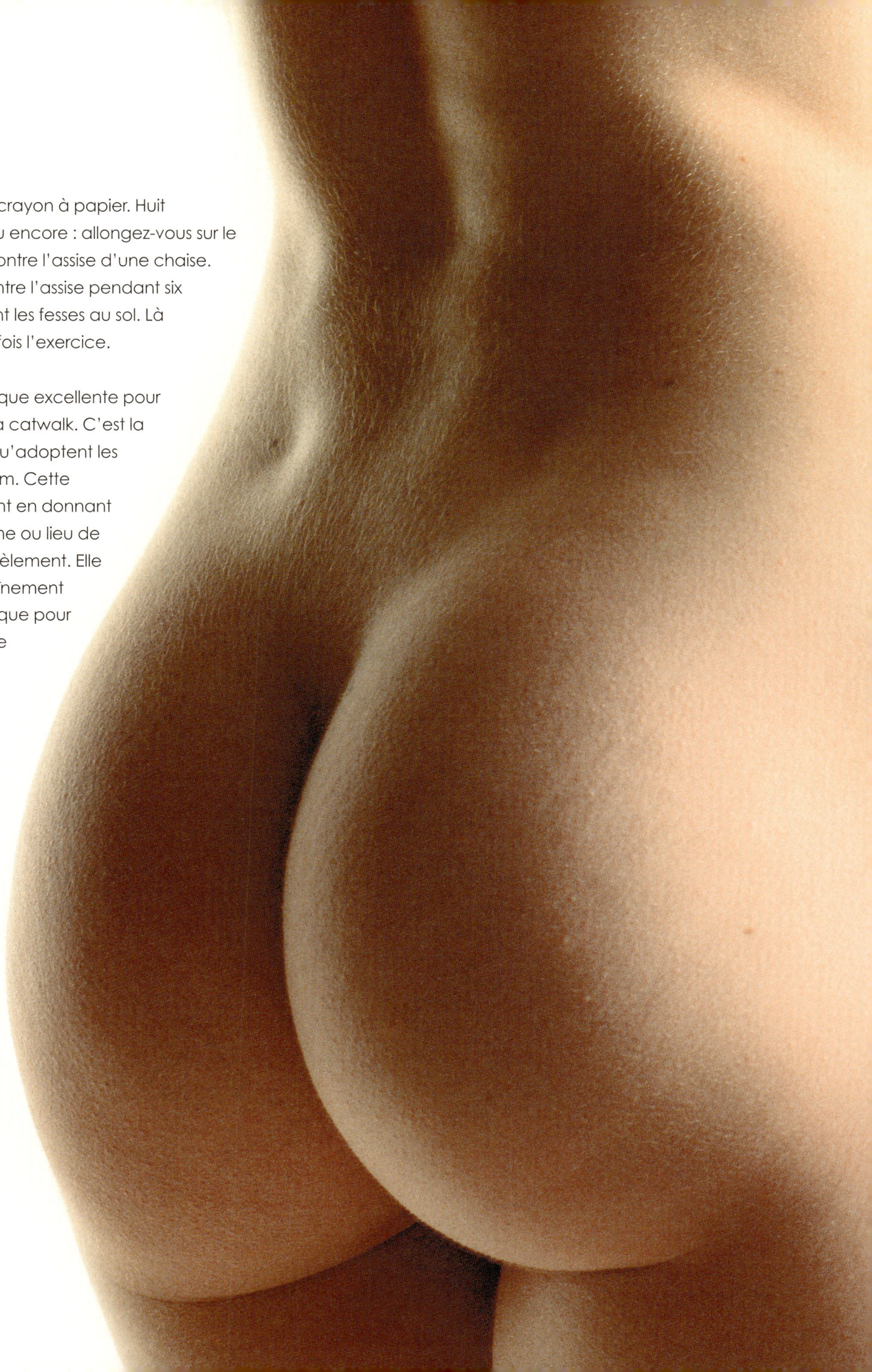

Prendre un bain ou une douche, c'est aussi s'isoler et savourer égoïstement le bien-être que l'eau nous procure. Le corps reprend des forces et l'esprit retrouve son équilibre. Partager ce moment avec la personne que l'on aime et se dorloter mutuellement, c'est accéder au paradis. Grâce au charme des parfums frais ou envoûtants, grâce à la caresse de l'eau sur le corps et à la magie des câlins, ce bain commmun devient un rituel amoureux. Mais attention, ces délices-là demandent une grande préparation et une bonne dose d'imagination.

UN BAIN POUR DEUX

Les joies du bain dans l'intimité

Prendre une douche ou un bain fait partie des besoins élémentaires de l'homme moderne : tout le monde désire se laver. Mais la douche et le bain peuvent aller beaucoup plus loin : devenir un plaisir, un moment où l'on s'enivre de sensations agréables, où l'on glisse doucement dans un état intermédiaire entre la conscience et le rêve, où l'on se laisse aller.

Au premier abord, se doucher ou se baigner à deux peut sembler aberrant quand on pense à l'équipement habituel d'une maison : qui donc possède une douche si spacieuse ou une baignoire si grande que deux personnes puissent y prendre place ? Au cinéma, cela semble merveilleux lorsqu'un couple, sirotant du champagne et fêtant ses amours, barbote dans une baignoire gigantesque qui a des airs de piscine miniature. En revanche, si l'on imagine une pareille scène dans sa propre baignoire, on ne voit pas ce qu'elle a de réjouissant. Bien souvent, une seule personne tient dedans à condition de replier légèrement les jambes et, en cas de bain commun, votre partenaire en est réduit à se plier en deux comme un couteau de poche, la colonne vertébrale gênée par les robinets. Dans ces conditions, quel plaisir pourrait-on bien y trouver ?

Pour la plupart des gens, prendre un bain ou une douche est une affaire privée : c'est l'occasion de s'isoler et de ne plus penser qu'à soi, de se consacrer à son propre corps, d'en suivre les courbes tendrement avec une éponge et du savon. Quand on prend un bain, on recherche la tranquillité. Les enfants et le chien sont priés de rester dehors. Tous les facteurs de trouble doivent être éliminés. Plongé dans la mousse délicieuse, on ne veut pas être contraint une fois de plus de s'occuper des autres. Tout cela est vrai. Le bain comme la douche sont un moment d'intimité, un plaisir délibérément égoïste.

Toutefois, ce n'est pas un argument contre le bain à deux, contre cette expérience que l'on veut partager. Un bain contre les rhumatismes – pour citer un exemple très prosaïque – se prend seul. Son objectif est bien trop terre à terre. Au fond, c'est une sorte de cure, une thérapeutique. Et vous y êtes contraint par la souffrance, la maladie. Personne ne prendrait un bain sentant si fort le menthol par simple plaisir. Bien sûr, ce n'est pas désagréable car l'eau chaude associée aux additifs thérapeutiques peut procurer un certain bien-être et puis on espère que ce bain atténuera la douleur. Mais prend-on un bain contre les rhumatismes ou contre la grippe à deux ? Certainement pas. Quand on se soigne, on ne se préoccupe guère d'intimité amoureuse et

d'érotisme. En revanche, si l'on cherche à se détendre dans sa baignoire, c'est différent.

L'EAU PURIFICATRICE, PRÉLUDE À UNE NUIT D'AMOUR

En Orient, déjà, le bain faisait figure d'étape incontournable précédant une nuit d'amour. Certes, l'homme et la femme se baignaient séparément, mais les serviteurs s'efforçaient d'apprêter le corps des deux élus dans les règles de l'art. On lavait et on brossait avec soin la peau de la dame, on l'épilait complètement. Puis on frictionnait son corps avec du henné pour lui donner une belle couleur et satiner la peau. L'homme aussi était préparé à cette cérémonie amoureuse par des mains zélées. Dans son cas, on procédait

avec moins de douceur en frottant toutes les cellules mortes avec une pierre ponce. Sous les mains de la femme, sa peau devait être aussi douce que de la soie. Pendant cette pénible toilette rituelle, l'eau jouait un rôle essentiel, elle entourait le corps nu de son voile protecteur, l'empêchait de frissonner comme en plein air et l'enveloppait chaudement tel un vêtement invisible.

Le bain donne à l'être humain le sentiment de se retrouver, d'être protégé comme jadis lorsqu'il était dans le ventre de la mère. Cette sensation peut naturellement s'étendre à deux personnes entre lesquelles existe une relation privilégiée. C'est l'occasion de s'étreindre, de se caresser, de dessiner du bout des doigts et d'embrasser les contours du corps de l'autre. Sous le jet chaud de la douche ou dans la baignoire se crée inévitablement un sentiment particulier d'intimité. Manger, dit-on, favorise l'union du corps et de l'esprit. Quand deux personnes qui s'aiment et se désirent, se baignent ensemble, l'eau unit leur corps et leur âme et peut, à certains moments, leur donner la sensation à tous deux de ne plus faire qu'un, de n'être qu'un seul corps et une seule âme.

Un bain à deux est l'occasion de goûter à une palette très étendue de sensations. On peut s'amuser et faire les fous, s'asperger d'eau furieusement en poussant des éclats de rire, se masser et se caresser avec amour ou encore pratiquer la méditation, c'est à dire sentir l'autre tout près de soi en gardant les yeux fermés.

Évidemment, ce plaisir débordant n'apparaît pas comme par magie, pas plus que la contemplation quasi mystique ou l'ardeur érotique. Une certaine préparation et une réflexion à propos de la mise en scène de cette cérémonie du bain à deux s'imposent. À moins que les deux partenaires ne possèdent un talent naturel pour le bain et l'amour ou qu'ils aient une grande expérience en la matière.

Une fuite hors du quotidien

Pour profiter ensemble des joies du bain, il faut d'abord choisir le bon moment. Il est possible que dans une chambre d'hôtel un couple, amoureux de fraîche date, soit pris d'un accès d'insouciance juvénile et de passion, qu'il s'arrache ses vêtements et se précipite sous la douche pour s'abandonner au désir. En dehors de ces moments assez intenses, les délices du bain à deux supposent de choisir une heure où l'on sait qu'on ne sera pas dérangé et où l'on chasse de son esprit les obligations du quotidien.

La passion ne se programme pas, mais on peut au moins déterminer le lieu qui est censé lui servir de décor.

Si la baignoire est tout juste assez grande pour une personne, se baigner ensemble est exclu. Toutefois, cela ne doit pas vous empêcher de savourer pleinement ce moment. Vous pouvez installer une chaise ou un fauteuil confortable dans la salle de bain et laisser votre compagne entrer la première dans l'eau. Vous pouvez l'aider à se déshabiller ou la regarder faire avec amour. Ce simple spectacle peut déjà être très excitant.

Vous pouvez bavarder car vous avez le temps, la soirée sera longue. Vous pouvez échanger vos rêves ou vos souhaits pour l'avenir, imaginer ensemble des scénarios extraordinaires. L'homme peut s'occuper de sa partenaire, lui tendre une boisson, quelque chose à grignoter ou des fruits frais. Il peut lui masser doucement la nuque et le dos, lui laver les cheveux, laisser courir ses doigts tendrement sur son cuir chevelu. Et juste après, elle le remerciera en s'abandonnant complètement.

Se laisser câliner par la personne que l'on aime, en toute confiance, les yeux fermés, peut être merveilleux. On peut rester debout dans la baignoire pour se sécher l'un l'autre, attraper les gouttelettes d'eau en baisant la peau, autant d'attitudes qui constituent de tendres jeux érotiques.

L'ambiance propice à ce rituel amoureux privé

On pourrait comparer cette cérémonie du bain pour deux amoureux à un ballet. Cette ambition peut sembler démesurée quand on songe à sa salle de bains plutôt terne, étroite, aux murs couverts d'un carrelage blanc terne, tout juste bonne pour se brosser les dents et prendre une douche de temps en temps. Mais pour une fois, voyez grand, délibérément, et accordez-vous

cette petite folie, créez votre propre temple du bain à domicile. Le secret pour y parvenir ? Vous n'avez pas besoin d'imaginer une salle de bain comme on en voit dans les journaux de décoration. Elles sont hors de prix et ce n'est pas non plus là que nous voulons en venir. Aménagez votre paradis pour le bain à votre goût grâce à des idées toutes simples mais efficaces et en harmonie les unes avec les autres. Votre imagination fera le reste. Le budget n'est pas décisif. Une rose rouge dans un verre à champagne, un drap de bain en éponge de couleur rose sur le porte-serviette, quelques gouttes d'huile essentielle de rose versée sur le brûle-parfum. Voilà déjà trois pistes qui devraient stimuler votre créativité. Ce sont les piliers d'un pont que votre imagination doit relier par des arcades.

Tous les sens doivent être flattés par ce que vous voyez et entendez, par les odeurs, les goûts et les sensations.

Il faut un décor adapté pour l'occasion et c'est là que votre fantaisie entre en jeu. Considérez votre salle de bain comme le havre de paix de votre appartement ou de votre maison. Les établissements de bains professionnels ont depuis longtemps pris leurs distances avec la décoration intérieure des piscines classiques, ils proposent des paysages fantastiques agrémentés de grottes cachées au milieu des palmiers, de petites cabanes de sauna finlandaises, de falaises avec leurs chutes d'eau… Il ne s'agit pas de transformer votre salle de bains en un paysage grandiose, mais de vous emparer de cette idée et de cesser de regarder cette pièce comme un simple cabinet de toilette. Dans votre logement, elle doit devenir votre refuge et le lieu où vous pourrez toujours vous reposer.

Pour cela, vous devez prendre les choses en main car une salle de bains traditionnelle n'a pas vraiment vocation à faire oublier à deux personnes le monde qui les entoure. Si vous êtes l'heureux propriétaire d'une salle de bains moderne, aménagée avec goût, vous avez bien sûr la tâche plus

facile. Il vous suffit de trouver les accessoires qui éveilleront en vous des désirs voluptueux.

Pensez à y mettre des fleurs. Si vous avez assez de place, vous pouvez installer en permanence une plante verte dans un endroit adéquat. Mais un bouquet disposé dans un vase apportera lui aussi une note colorée et peut-être parfumé dans la pièce. Pour le bain en amoureux, choisissez une composition très personnelle qui tranche sur les autres jours. Les petits détails peuvent tout changer : une seule rose à longue tige placée dans un vase très fin en cristal ou des feuilles de rose réparties dans une coupelle. La plupart du temps, les huiles pour le bain, les eaux de toilette, les additifs, les shampooings et les lotions sont présentés dans des bouteilles en plastique fort laides. Évitez de poser des récipients aussi ordinaires sur le rebord de la baignoire ou de la fenêtre. Procurez-vous des carafes, des coupelles ou des flacons élégants dans lesquels vous transvaserez ces ingrédients. Si vous souhaitez aménager un bar à huiles aromatiques afin de créer vos propres cocktails, les flacons forment un bel ensemble quand on les place côte à côte. Il existe des savons originaux de formes très diverses, des huiles de bain présentées dans des boules de gélatine que l'on peut également transvaser dans des verres. Flânez dans le rayon de verrerie des grands magasins, cherchez ensemble les plus belles fioles pour votre paradis du bain.

N'hésitez pas non plus à ajouter des accessoires inutiles en apparence mais que vous appréciez tout simplement pour leur côté esthétique. Vous n'avez pas à vous justifier si vous dénichez un peigne en argent, des dauphins en verre ou des coccinelles en pierre dans un marché aux puces. Et puis, une collection variée de pierres peut être splendide et dégager des forces que nous percevons mais auxquelles nous refusons de croire. Installez éventuellement un tapis coloré sur le carrelage, un porte-serviettes en acryl, un porte-savon en forme de coquillage. Et puis pourquoi ne pas mettre des rideaux sortant de l'ordinaire à la fenêtre, en organsin par exemple, pour apporter une note joyeuse et colorée à l'ensemble ? Et pourquoi pas des cintres étincelants ? Un brûle-parfum taillé dans de la pierre ? Un miroir en arabesque ? Les possibilités sont en nombre infini. Les beaux objets, ceux qu'il vous faut, sont ceux qui vous plaisent.

Des couleurs différentes créent des atmosphères différentes. Des tons pastels donnent une illusion d'espace, même dans une pièce relativement petite, ils permettent à la lumière d'inonder la pièce. Une lumière tamisée ou encore la lueur vacillante des bougies emplit les lieux de silence et de

mystère ; la lumière des bougies confère à la peau l’éclat du bronze et rend les corps dénudés encore plus beaux et plus attirants.

L’important, c’est de trouver son propre style. C’est à vous que l’ambiance doit plaire. Vous devez vous sentir bien et, pour cette raison, il n’y a pas de règles générales. Si vous aimez les couleurs vives ou les contrastes les plus audacieux, suivez votre instinct. Votre oasis pour le bain n’appartient qu’à vous, c’est un lieu où personne n’est là pour vous critiquer ou vous juger.

Une musique douce comme le clapotis de l’eau

Pour la cérémonie du bain à deux, vous devez bien sûr prévoir de la musique, pas n’importe laquelle, pas la musique de fond diffusée par la radio et interrompue par des émissions ou par les actualités. La parole distrait parce qu’on écoute sans le vouloir et qu’on se concentre sur elle si le sujet est intéressant. Et rien ne trouble davantage le bain commun que de se mettre à discuter. Tous les deux, dans l’eau délicieusement chaude du bain, avec le corps de l’être aimé à ses côtés, il faut laisser libre cours à ses émotions. Ici, on arrête de réfléchir, on se laisse envahir par ses sentiments.

On dit souvent que la musique vocale est gênante. Pour toute méditation, il faut respecter les règles du jeu et ne passer que de la musique instrumentale, la seule à favoriser le retrait hors de la réalité. En fait, il vaut mieux tenir compte des envies de chacun. Un jeune couple trouvera peut-être que les

tubes conviennent mieux à leurs jeux d'eau voluptueux, d'autres tomberont dans l'extase, silencieux, à l'écoute d'un air d'opéra. Et pourquoi un couple n'aurait-il pas le droit de savourer un bain en passant de la musique de fanfare ? Chacun doit faire son propre choix et bien entendu se mettre d'accord avec son partenaire car si l'ambiance musicale ne plaît qu'à l'un des deux, il sera difficile de se consacrer l'un à l'autre.

Grâce à un petit lecteur de CD, vous pouvez faire résonner les sons les plus divers dans votre salle de bains. Toutefois, si vous ne cherchez qu'une musique de fond qui ne marque pas de son empreinte ce moment privilégié mais rende juste les deux partenaires plus réceptifs et leur permette d'oublier la réalité et de se rapprocher étroitement l'un de l'autre, une musique spécifique pour la relaxation sera idéale. Dans tous les magasins de disques assez grands, il existe maintenant un rayon spécialisé bien fourni, même dans les librairies ou les magasins ésotériques, on peut acheter aujourd'hui des collections de CD contenant des airs relaxants. Il existe de très belles compositions qui font entrer les bruits de la nature dans votre salle de bains, recréant par exemple l'atmosphère d'un matin au bord d'un lac égayé par les chants d'oiseaux et le clapotis de l'eau. Elles transforment de façon proprement magique le décor qui entoure les deux amants. Si vous fermez les yeux en les écoutant, si vous vous adossez confortablement à la baignoire, que vous sentez le contact avec l'eau et la proximité du corps de l'autre, vous disposez d'un cadre merveilleux pour vous détendre complètement, pour retrouver la présence de l'être aimé et reprendre des forces loin du stress quotidien. En général, on écoute ce genre de musique à

un volume très bas, comme un bruit de fond presque imperceptible. Rien ne nuirait davantage à cet instant sensuel qu'une musique trop prenante.

Parler n'est pas interdit. Il est probable que vous vous mettiez d'abord à bavarder. Vous racontez votre journée, vous mentionnez éventuellement une anecdote banale et amusante. Un conseil : mettez entre parenthèses les problèmes sérieux car, chez certains couples, les discussions aboutissent très vite à des disputes quand des opinions contradictoires se heurtent l'une à l'autre. Vous vous connaissez et vous devriez éviter tous les thèmes susceptibles de troubler l'ambiance. Pour le moment, les problèmes doivent attendre : vous cherchez à vous soutenir l'un l'autre pour vous attaquer à ces problèmes plus tard avec une énergie nouvelle.

Faites des compliments à votre partenaire. Redites-lui enfin à quel point vous le (la) trouvez beau (belle). À quel point vous le désirez. Exprimez ce que vous ressentez. C'est un bon sujet de conversation quand on prend un bain ensemble : faire ressortir ses sentiments, en prendre conscience, permettre à l'autre de les partager. Parlez de vous, évoquez les plus beaux moments de votre vie commune. Énoncez vos goûts communs. Dites comment et pourquoi vous avez appris à vous aimer, ce que l'autre représente pour vous. Vous pouvez vous excuser de vous être disputés à tort, de ne pas avoir été assez à l'écoute, d'avoir de mauvaises habitudes. Parlez de votre relation, dites à quel point elle est agréable, comment faire pour l'améliorer encore. Laissez de côté les problèmes.

Peut-être cette petite cérémonie du bain vous permettra-t-elle de vous retrouver. Vous avez cohabité ou vous avez vécu des tensions et vous avez décidé maintenant de laisser les sujets de conflit à la porte de la salle de bain et de vous retrouver nus, assis dans la baignoire face à votre partenaire, en lui ouvrant votre cœur. Peut-être pour vous réconcilier.

Mais vous pouvez aussi choisir de rester ensemble sans parler, sans un mot et de ne communiquer que par des sourires et des caresses. Il est probable qu'au début de votre bain en amoureux vous bavarderez davantage et que les mots se tariront peu à peu quand vous savourerez les essences pour le bain et les caresses.

LA MAGIE DES CARESSES

S'effleurer l'un l'autre est un art qui peut électriser le corps. Il exige du doigté et exclut toute familiarité maladroite. Plus la caresse est délicate, plus elle éveille une sensation d'irréalité. Il est possible aussi d'accorder cette faveur à son propre corps en solitaire, les yeux fermés, en se concentrant sur l'excitation suscitée par la main. Cette sensation est encore plus profonde quand c'est l'autre qui vous procure ce bonheur.

Dans le bain ou au moment de vous sécher, vous pouvez vous masser l'un l'autre, debout, assis ou couchés. La femme est assise sur le rebord de la baignoire ou sur un tabouret. Lui se tient derrière elle et s'occupe de son dos, de ses épaules, de son cou. Ou bien tous deux se font face et se massent mutuellement. Une fois que la

peau est bien sèche, passez dessus une huile de massage parfumée. Masser à sec est très désagréable. Et de toute façon, à présent, la peau a besoin d'être nourrie.

Personne n'attend de vous que vous rivalisiez avec un masseur professionnel. Bien entendu, il n'est pas inutile de connaître les principaux gestes et de pouvoir distinguer l'effleurage, le pétrissage et le massage par pression. Cependant, dans cette situation très particulière, vous procèderez intuitivement. Vous verrez tout de suite si votre partenaire apprécie vos gestes ou s'ils sont désagréables. Si vous vous massez réciproquement, vous allez synchroniser vos mouvements sans le vouloir et adopter le même rythme. D'une manière générale, il faut se masser avec beaucoup d'amour car chaque geste transmet toute la tendresse que l'on éprouve pour l'autre.

Les parfums charment l'esprit

La plupart des additifs pour le bain sentent très fort, surtout quand ils se composent d'huiles essentielles. Pourtant, on peut tout à fait créer un agréable parfum d'ambiance supplémentaire en utilisant des huiles aromatiques. Pour cela, il vous faut un brûle-parfum, telle une simple coupelle en céramique placée au-dessus d'une bougie ou une bougie à thé. Parfois, on trouve aussi de mini-plaques chauffantes électriques qui maintiennent l'eau de la coupelle chaude. Dans cette coupelle, on verse quelques gouttes de l'huile essentielle de son choix. Le parfum se dégage quand l'huile dissoute dans l'eau s'évapore. Habituellement, on utilise un mélange de diverses huiles essentielles, en fonction de la fragrance et de l'effet recherché.

Bien entendu, vous pouvez aussi mettre des épices dans l'eau chaude de votre brûle-parfum. À titre d'exemple, les baies de genévrier, les clous de girofle, le cumin, l'anis, les gousses de vanille, les capsules de cardamome, la coriandre, la noix muscade, les racines de gingembre, les zestes de citron, d'orange ou de citron vert, l'anis étoilée ou les grains de piment conviennent parfaitement. À chacun de déterminer s'il apprécie un parfum pur ou combiné avec d'autres. Dans ce domaine, on peut laisser libre cours à sa créativité.

Une autre technique permet de produire des odeurs délicieuses : elle consiste à faire brûler certaines substances. C'est l'une des coutumes les plus anciennes de l'humanité que l'on trouve dans de nombreuses civilisations,

Il vaut mieux éviter de brûler des herbes ou du bois si vous êtes allergique à certaines de leurs substances.

notamment en Arabie et en Égypte, chez les Indiens et bien sûr en Chine, au Japon, en Inde et au Tibet. Dans ces pays se sont développées en la matière certaines méthodes vieilles de plusieurs millénaires. Toutes reposent sur le même principe : on brûle des résines, des herbes ou des bois précieux afin d'obtenir la fragrance recherchée. Cette opération à des objectifs très divers. Elle peut servir à désinfecter des pièces, à purifier l'air mais également à soulager des souffrances physiques ou psychiques. Par ailleurs, on l'utilise volontiers pour créer une atmosphère propice à la méditation ou pour renforcer le contact des gens entre eux et leur relation avec la nature.

En Inde, les parfums ont toujours été appréciés pour leurs vertus stimulantes lors des massages érotiques. Pour intensifier le désir sexuel, on emploie des mélanges à base de bois d'aloès, de cardamome, de clou de girofle, de bois de santal, de patchouli, de benjoin et d'encens. Dans la région de l'Himalaya, on utilise traditionnellement des parfums à base de petit galanga, de gingembre, de costus, d'armoise, de genévrier nain et de chardon.

Certaines herbes sentent très fort et ne conviennent pas vraiment à la cérémonie du bain. Il appartient à chaque individu de déterminer quels parfums il préfère. En raison de la nature même de l'eau, il est possible que le parfum envoûtant dégagé par les huiles essentielles semble plus harmonieux que celui produit par le feu. Le parfum des herbes qui se consument est peut-être plus propre à favoriser la méditation qu'à servir de parfum d'ambiance lors d'un bain sensuel.

Mais on peut également produire des fragrances sans évaporation ou sans combustion, en disposant dans des coupelles ou en cousant dans des tissus – le plus souvent, il s'agit de coussins – certaines épices ou certaines herbes séchées. Le mélange dépend de la note parfumée que l'on souhaite obtenir. Un pot-pourri composé de laurier, de basilic, de menthe, de baies de genévrier, d'anis étoilée, de zestes de citron et d'orange dégage une senteur fraîche et épicée. Veillez cependant ne pas avoir la main trop lourde.

Dans la salle à manger, un parfum entêtant est désagréable parce qu'il a tendance à couper l'appétit quand les odeurs et le goût des plats sont recouverts par les effluves des pots-pourris.

Bains pour deux

Essence d'amour

3 cuil. à soupe d'huile d'olive
5 gouttes d'huile de sauge sclarée
1 goutte d'huile de poivre noir
4 gouttes d'huile de jasmin

Voici un bain idéal pour la froide saison hivernale, quand il y a de la neige, que des stalactites de glace descendent des toits et que le ciel est d'un gris laiteux. Mélangez dans un pot de confiture l'huile d'olive avec deux huiles essentielles diamétralement opposées : mettez 5 gouttes d'huile de sauge sclarée, une huile au parfum doux et frais et 1 goutte d'huile de poivre noir pour sa fragrance ardente et irrésistible. 4 gouttes d'huile de jasmin adouciront les contrastes et feront de ce duo d'huiles une essence d'amour merveilleuse.

Bain exotique à la rose

5 gouttes d'huile de sauge sclarée
3 gouttes d'huile de ylang-ylang
3 gouttes d'huile de rose

Diluez dans l'huile d'olive les trois huiles essentielles suivantes : sauge sclarée, ylang-ylang et rose. Le ylang-ylang exotique domine avec son parfum étrange bien que la douce fragrance de la rose soit nettement perceptible en arrière-plan. Ce bain a le mérite de donner de l'audace aux amants timides, il leur donne une chance de jeter leurs peurs et leur découragement par-dessus bord et de voir leurs désirs les plus secrets se réaliser.

Bain d'amour bouillonnant

3 gouttes d'huile de citron
3 gouttes d'huile de rose
5 gouttes d'huile de cardamome
10 g de soda
10 g de natrum
5 g de perborate de sodium

Ici, le parfum s'obtient avec 3 gouttes d'huile de rose, 5 gouttes d'huile de cardamome et 3 gouttes d'huile de citron. Dans ce mélange, c'est la cardamome qui est déterminante car cette épice est considérée comme l'un des aphrodisiaques les plus puissants qui soient. Si vous ajoutez 10 g de soda, 10 g de natrum et 5 g de perborate de sodium, et que vous répartissez le tout dans le bain chaud, non seulement vous sentirez un parfum irrésistible mais en outre, le perborate de sodium déclenchera une réaction chimique au contact de l'oxygène présent dans l'eau : l'eau se mettra à bouillonner. Les deux amants ressentiront un picotement sur la peau, reflet de leur tension et de leur attente…

Bain pour déclencher la passion

Prenez 4 à 5 petits morceaux d'écorce de cannelle et faites-les infuser dans l'eau bouillante. Filtrez cette infusion dans un récipient en porcelaine et ajoutez 3 gouttes d'huile de mélisse, 3 gouttes d'huile de citron et 3 gouttes d'huile de bois de santal. Versez ce mélange dans la baignoire. Répandez quelques feuilles de mélisse sur l'eau. La cannelle, aphrodisiaque indien, domine dans cette préparation et garantit une intensification du désir.

4 à 5 morceaux d'écorce de cannelle
3 gouttes d'huile de mélisse
3 gouttes d'huile de citron
3 gouttes d'huile de bois de santal
feuilles de mélisse séchées

Bain au miel et à la lavande

Mélangez bien 1 tasse de miel avec 4 gouttes d'huile de ylang-ylang, 2 gouttes d'huile de lavande et 2 gouttes d'huile de bois de santal. Si vous le souhaitez, vous pouvez ajouter une pleine poignée de fleurs de lavande dans l'eau du bain. C'est le bain idéal pour les amants stressés car cette recette a un effet délicieusement apaisant.

1 tasse de miel
4 gouttes d'huile de ylang-ylang
2 gouttes d'huile de lavande
2 gouttes d'huile de bois de santal

Bain sensuel

Mélangez 3 gouttes d'huile de ylang-ylang avec 10 ml d'huile de pépins de raisin. Ajoutez ensuite 1 goutte d'huile de rose pure et 2 gouttes d'huile de pamplemousse pure. Le ylang-ylang est un arbre qui peut atteindre jusqu'à 25 mètres de haut et possède des fleurs très odorantes auxquelles on attribue des vertus aphrodisiaques. Cette huile essentielle aux propriétés antiseptiques soulage en cas d'infection de l'appareil digestif et favorise la régénération du système nerveux.

3 gouttes d'huile de ylang-ylang
10 ml d'huile de pépins de raisin
1 goutte d'huile de rose
2 gouttes d'huile de pamplemousse

Bain au bois de santal

Le parfum chaud et velouté du bois de santal nous transporte dans les forêts tropicales et les palais orientaux. Il dégage une note profonde et moelleuse et permet de retrouver l'équilibre et l'harmonie, notamment en cas de stress psychique. Ses signaux olfactifs aux effets inégalables favorisent les contacts entre les êtres. Au moment où vous faites couler votre bain, versez le lait en poudre et le miel sous le robinet. Dès que la baignoire est remplie, diluez l'huile de bois de santal et de rose dans l'eau. L'huile de bois de santal associée à une huile de base neutre est également excellente pour les massages.

6 cuil. à soupe de lait de chèvre (de préférence sous forme de lait en poudre)
2 cuil. à soupe de miel
3 gouttes d'huile de bois de santal
3 gouttes d'huile de rose

Apothéose culinaire

La règle selon laquelle il ne faut pas aller dans l'eau le ventre plein vaut aussi pour le bain aphrodisiaque. Toutefois, après avoir savouré les plaisirs de l'eau, vous n'êtes pas obligés de rejoindre votre lit le ventre vide, bien au contraire : maintenant que vous êtes revigorés et que vous avez retrouvé votre joie de vivre, vous pouvez vous rattraper et savourer avec le plus grand plaisir les mets auxquels vous aviez renoncé jusque là. Après le bain sensuel un menu stimulant vous attend, il fera bouillonner votre sang et attisera votre ardeur amoureuse.

Si vous en avez envie, vous êtes libre de manger un petit quelque chose dans le bain. Mais comme il est impossible d'y rester au-delà d'une durée de 20 minutes sans se dessécher la peau, le rituel du bain laisse peu de temps pour se restaurer. On peut tout au plus prendre une minuscule bouchée de caviar ou des fruits ou encore déguster entre-temps quelques morceaux de poivron, de céleri ou des têtes d'asperge. Mais peu de gens prendraient plaisir à faire un vrai repas gastronomique dans leur bain.

Bien entendu, il ne s'agit pas de se précipiter tous les deux dans la cuisine, de sortir le beurre, le fromage et la charcuterie du réfrigérateur et de dévorer quelques bouchées avec les doigts pour apaiser sa faim. La suite de la soirée doit être orchestrée avec le même soin que la préparation et la mise en scène du bain.

Tous les mets que vous appréciez en temps normal ne conviennent pas à ce repas. Les plats traditionnels consistants – les rôtis gras en croûte, les boulettes de pomme de terre ou les pommes de terre sautées – mettraient un terme peu glorieux à votre fantastique ballet amoureux. Si vous lestez ainsi votre estomac, votre organisme sera tout entier occupé à digérer consciencieusement ces excès culinaires. Pendant ce temps, vous et votre partenaire n'aurez plus qu'une chose en tête : vous écrouler épuisés sur votre lit et sombrer dans le sommeil. Les plats doivent être légers et raffinés, tant sur le plan gustatif que sur le plan esthétique. Tout commence par le plaisir des yeux, alors, dans ce domaine, sachez faire preuve d'imagination. Vous n'êtes pas obligés de manger du caviar. À condition d'être bien présentés, les ingrédients simples vous donneront autant d'ardeur que les effluves parfumées du bain.

La forme, la couleur et le parfum des fruits exotiques procurent à eux seuls un plaisir sensuel. Pensez par exemple à la papaye, au fruit de la passion

ou à la figue. Ce n'est pas un hasard si cette dernière est considérée comme le symbole de la fécondité dans les pays méditerranéens. Prenez une figue dans la main, coupez-la en deux et observez son intérieur sensuel. Ne méprisez pas non plus les saveurs des fruits de nos contrées : les pêches, les fraises ou les framboises, les cerises, les poires et les pommes. Quelques fruits disposés dans une belle coupe peuvent servir d'intermède culinaire. À la première bouchée, les fruits exotiques semblent fades et sans intérêt, mais leur goût ressort peu à peu et il arrive qu'on ne puisse plus s'en passer. Une salade composée de fruits exotiques et de fruits locaux peut elle aussi être un délice aphrodisiaque. Mettez-la au frais, cette merveille sera encore meilleure une fois que les délices du bain vous auront réchauffés.

Il existe une autre sorte de fruits qui, dit-on, font des prodiges en matière d'amour, ce sont les fruits de mer. Cela n'est pas une légende car ils contiennent une énorme quantité de protéines. Ce n'est pas fortuit s'ils comptaient parmi les mets favoris de Casanova, on raconte qu'il en consommait trois douzaines chaque jour pour maintenir son taux de testostérone. En outre, les huîtres ont une forte teneur en zinc, en moules, en fer et en iode. Et puis on éprouve un plaisir sensuel incontestable à déguster le contenu succulent de ces coquilles si dures.

Pour ce dîner en amoureux, mettez les petits plats dans les grands, le caviar est également tout indiqué pour ce repas. Cela ne signifie pas que la table doit crouler sous les mets délicieux. Ce sont les détails raffinés qui comptent et non la quantité.

Le secret de la cuisine érotique

Pour passer une soirée inoubliable en amoureux, le luxe est une nécessité, l'âme en a besoin. Pour une fois, offrez-vous des truffes. Le simple fait de déguster en toute conscience un plat aussi délicieux fera de ce dîner un grand moment. De plus, ces tubercules contiennent des substances qui stimulent le psychisme et ont la même structure chimique que les phéromones, ces substances qui déclenchent le désir sexuel chez l'être humain.

Les légumes ont un côté esthétique et sont littéralement prédestinés à enflammer le désir. L'asperge illustre bien ce phénomène. Son principal composant, l'asparagine, a un effet diurétique et excite l'appétit sexuel. De plus, c'est un légume remarquablement léger. Le céleri contient du potassium, du sodium, du phosphore et des sels minéraux susceptibles de donner une impulsion décisive au ballet amoureux. En outre, il a un goût âpre surprenant. La phéromone contenue dans le tubercule du céleri a une action stimulante sur la libido. De même, la cynarine de l'artichaut a un goût intéressant lié à son amertume. L'artichaut a pour effet principal de stimuler la circulation sanguine, d'être un tonifiant général et un aphrodisiaque.

Pour finir, vous devez prévoir dans votre menu des herbes et des épices : de l'aneth par exemple ou du persil, du basilic, du romarin. Tout le monde connaît ces herbes utilisées couramment, mais presque personne ne sait que, en dehors de leur odeur et leur goût spécifiques, les substances qu'elles contiennent font disparaître l'absence de désir et éveillent l'envie de faire l'amour. Cela s'explique par les substances amères, les tanins et les huiles essentielles qu'elles contiennent à des doses infimes mais très efficaces. Les aphrodisiaques qui viennent de l'étagère à épices ne sont pas excitants en raison de leur saveur relevée mais parce que leurs composants biochimiques nous rendent nettement plus réceptifs aux stimulations sexuelles. Le poivre contient de la pipérine, le piment de la capsicine, et dans le gingembre, on trouve du gingérol. Les plats assaisonnés avec ces aphrodisiaques orientaux font bondir le sang dans les vaisseaux et activent le métabolisme. Même votre semblable le plus glacial sentira son sang bouillonner. Une pincée de noix muscade dans une tasse de lait chaud ou de cardamome dans votre café noir a une action aphrodisiaque bien plus grande que celle qu'on attribue habituellement dans le langage populaire au verre de champagne.

Et puis n'oubliez pas que les yeux participent eux aussi au festin. Décorez l'assiette avec un piment rouge de forme harmonieuse, même si vous n'osez pas mordre dedans. Les formes et les couleurs attisent le désir sexuel de manière inconsciente. Quand une femme caresse un avocat ou mord dans une figue à pleines dents, c'est un signal sans équivoque qui embrase l'atmosphère.

Une pièce dévolue à l'amour

Peu importe l'endroit où vous irez après avoir pris votre bain en amoureux. L'important, c'est que vous vous y sentiez bien. Lors d'une belle soirée d'été, cela peut être le balcon ou la terrasse ou encore la tonnelle dans le jardin. Vous pouvez aussi opter pour le coin douillet du salon. Peut-être choisirez-vous de construire un petit abri avec de nombreux coussins et de vous asseoir sur le sol, une nappe blanche déployée entre vous deux. Pique-niquez dans votre salon. Oubliez la grande table de la salle à manger et mettez-vous à l'aise.

Bien entendu, rien ne vous interdit de dresser une table somptueuse recouverte d'une nappe en damas, de porcelaine, de beaux verres et de couverts en argent.

Mais vous n'êtes pas obligés de faire preuve du plus grand raffinement. Vous êtes libres de disposer avec soin les assiettes, les verres, les couverts et les plats sur une petite table ou par terre dans un coin de la pièce.

Ce serait peut-être une bonne idée de décorer la table avec une composition d'herbes fraîches pour remplacer le

traditionnel bouquet. Du persil, de la coriandre, du basilic, de la menthe, de la citronnelle, un pot-pourri parfumé qui vous changera les idées et permettra à l'âme de se déployer. Ou alors laissez flotter des corolles de fleurs dans une coupe remplie d'eau, éventuellement avec des bougies. Les roses ne sont pas belles uniquement dans un vase, on peut aussi poser leurs feuilles sur la nappe en guise d'ornement.

Dans une coupelle en verre, vous pouvez préparer des épices qui aident à digérer. Mélangez par exemple des graines d'anis, de fenouil, de coriandre et de cumin et faites-les griller dans une poêle. Pendant le repas, vous pouvez picorer à plusieurs reprises quelques graines. Cela favorise la digestion, le bien-être et permet de garder l'haleine fraîche.

Si vous avez la possibilité de tamiser la lumière, laissez-la allumée. Un lampadaire qui ne répand qu'un halo délicat est encore acceptable. Sinon, faites confiance à la lueur chaude de nombreuses bougies. La lumière électrique est fatale pour l'ambiance. Votre vis-à-vis, plongé dans l'ombre et éclairé simplement par la lumière vacillante des bougies, se nimbera tout à coup d'une étrangeté et d'un mystère qui ne feront que renforcer votre désir. Jouez le jeu. Gardez vos distances. Savourez l'attente, faites durer le plaisir que vous avez à anticiper car plus ce banquet en amoureux sera long, plus son apogée sera voluptueuse. Vous vous sentez bien et vous devez profiter de cette sensation aussi longtemps que possible.

L'amour a besoin d'un espace propice à l'épanouissement des sentiments éprouvés par les amants. Le désir qui monte est plus intense que l'assouvissement immédiat. Évidemment, quand on est saisi d'une fringale, on se précipite sur la nourriture et on est rassasié au bout de quelques minutes. Un repas de gourmet en revanche prend beaucoup de temps et chaque minute, chaque heure accroît le désir presque jusqu'à la torture. Si vous prenez votre temps pour dîner, vous accorderez aussi un bienfait à votre corps. Vous mangerez moins, vous mâcherez avec soin et vous découvrirez enfin la véritable saveur des plats.

Cuisine d'amour

Évidemment, quand on affirme qu'il est possible d'enflammer le cœur d'un être humain et de lui donner envie de faire l'amour grâce à certains plats, c'est un mythe. Cela suppose que les deux amants soient déjà dans un certain état d'esprit, il faut en quelque sorte que flotte dans l'air ce frémissement que nous connaissons tous. Si tel est le cas, certains mets peuvent évidemment produire des miracles et plonger l'être humain dans l'ivresse sentimentale requise. En résumé : « Un repas fin, un petit verre de vin, une femme délicieuse, tel est mon passe-temps le plus merveilleux . » Cet adage figurant sur une tapisserie ancienne exprime à merveille les délices d'une soirée passée en amoureux à partager bain voluptueux et succulent dîner.

Recettes aphrodisiaques

Entrée

3 oranges
3 jaunes d'œufs extra frais
6 cuil. à café de lait en poudre
3 cuil. à café de miel liquide de qualité supérieure obtenu par centrifugation à froid
1 pincée de sucre vanillé

Pressez les oranges et versez le jus dans un mixeur en ajoutant les autres ingrédients (jaunes d'œufs, lait en poudre, miel et sucre vanillé). Mettez en marche quelques minutes.

Mettez de la glace pilée dans un beau verre et versez dessus le cocktail mousseux. Buvez cet apéritif sans alcool avec une paille rouge.

Soupe à la tomate et aux olives noires

Cette soupe délicieuse achèvera de vous stimuler après le bain chaud et vous donnera très envie de faire l'amour. Pour commencer, il faut éplucher les tomates, c'est-à-dire verser de l'eau bouillante dessus et les passer sous l'eau froide afin de pouvoir retirer la peau sans aucun problème. Ensuite, coupez-les en dés.

À présent, épluchez les échalotes et coupez-les en fines rondelles puis faites-les cuire à l'étouffée dans 4 cuil. à soupe d'huile d'olive jusqu'à ce qu'elles soient bien dorées.

Ajoutez ensuite les dés de tomate dans la casserole, laissez mijoter à feu doux encore deux minutes et versez enfin 750 ml d'eau. Faites cuire une demi-heure à feu doux. Pour finir, réduisez cette soupe en purée avec un mixeur électrique et filtrez-la. Assaisonnez avec du sel, du poivre et du paprika moulu ; si vous ajoutez 2 cuil. à soupe de crème liquide ou de crème fraîche, vous obtiendrez un goût plus relevé. Dénoyautez les olives et faites-les cuire brièvement dans une poêle. Versez la soupe dans les assiettes, répartissez les olives dessus et décorez avec de la crème fraîche.

1 kg de tomates
2 bottes d'échalotes
4 cuil. à soupe d'huile d'olive
750 ml d'eau
sel, poivre, paprika moulu
crème fraîche
crème liquide
1 pot d'olives noires

Petite soupe de céleri

Coupez les céleris en tranches fines et blanchissez-les dans de l'eau bouillante avec du sel de mer et un peu d'huile d'olive. Écrasez une grosse gousse d'ail dans un presse-ail, versez dans du beurre chaud et faites cuire à feu doux sans laisser roussir. Ajoutez ensuite le céleri, saupoudrez avec un peu de farine de graines de caroube, remuez et déglacez avec du consommé double. Laissez mijoter environ 8 minutes. Battez au fouet les 2 jaunes d'œufs, la crème fraîche, 2 pincées de muscade, du sel et du poivre. Retirez ensuite du feu et versez sur les légumes en remuant. Servez la soupe dans de belles assiettes creuses chauffées et décorez avec quelques baies roses et de nombreuses petites feuilles de cerfeuil.

Pour aiguiser le désir sexuel, vous pouvez préparer la même recette avec un beau petit bulbe de fenouil. Remplacez le cerfeuil par les petites feuilles vertes que l'on voit à l'extrémité du bulbe de fenouil et saupoudrez de quelques noix légèrement grillées.

2 petits céleris bien frais
1 grosse gousse d'ail
un peu de farine de graines de caroube
2 grandes tasses de consommé double
2 jaunes d'œufs
125 ml de crème fraîche
2 pincées de muscade
2 cuil. à soupe de beurre ou de margarine
sel, poivre
baies roses
petites feuilles de cerfeuil

Salade aux artichauts et au céleri

Coupez d'abord les fonds d'artichauts précuits et la branche de céleri en tranches. Ensuite, faites cuire les tranches de céleri et les têtes d'asperges dans l'huile d'olive et disposez-les sur les assiettes avec les truffes coupées en tranches et les fonds d'artichauts. Préparez une sauce en délayant la crème fraîche, le vinaigre balsamique, l'huile, le sel et le poivre. Versez-en les trois quarts sur la salade.

Placez les gambas autour de la salade sur le bord de l'assiette et nappez de sauce juste avant de servir.

2 fonds d'artichauts (précuits)
1 branche de céleri
têtes d'asperges vertes (15 environ)
truffes coupées en tranches
crème fraîche
vinaigre balsamique
huile d'olive, sel, poivre
4 gambas

Avocat amoureux

1 avocat mûr
1 cuil. à soupe d'huile de colza
vinaigre balsamique, sel
mélange d'épices
de type "cinq épices"
noix de muscade pour la vinaigrette
grosses crevettes
ou petits morceaux de langoustines

Une salade à base d'avocat, le plus sensuel des fruits, permet également d'enflammer les sens. Avec un couteau pointu, coupez l'avocat dans le sens de la longueur et ôtez le noyau. Évidez délicatement avec une petite cuillère et coupez la chair en petits dés. Incorporez doucement la vinaigrette que vous aurez pris soin de préparer avant et râpez un peu de noix muscade dessus, décorez à l'aide de petites crevettes ou de chair de langoustines. Laissez reposer votre salade pendant une demi-heure. Nappez à nouveau de vinaigrette juste avant de servir.

Bar façon Casanova

Délayez tous les ingrédients dans l'huile d'olive, frottez le poisson à l'intérieur et à l'extérieur avec ce mélange. Si vous ne disposez que de filets, laissez-les au moins 2 heures dans la marinade. Si vous avez acheté le poisson avec sa peau, incisez-la à plusieurs endroits afin que la marinade puisse bien pénétrer dans la chair. Introduisez le bouquet de sarriette par la bouche. Placez le poisson dans un plat en terre cuite, versez le mélange dessus et faites cuire environ 40 minutes à four chaud. Vous pouvez accompagner ce poisson de pommes de terre à la coriandre et de rondelles de citron.

1 kg de bar frais
1 bouquet de sarriette
2 oignons rouges
huile d'olive
1 gousse d'ail écrasée
thym, 1 feuille de laurier, sel marin
mélange d'épices
de type "cinq épices"
jus de 2 citrons
1 pointe de poivre de Cayenne

Le bonheur de neptune

Ôtez délicatement la peau du filet de lotte et frottez sa chair avec la gousse d'ail et coupez-la en gros dés. Assaisonnez. Mettez-les ensuite dans une poêle chaude (mais pas trop !) et faites cuire en remuant régulièrement. Déglacez au vin blanc puis ajoutez du safran et de la crème fraîche. Laissez mijoter 5 minutes, c'est prêt. Parsemez d'aneth.

Vous pouvez servir avec des champignons raffinés, c'est à dire avec des truffes noires coupées en tranches ou des morilles coupées en rondelles, et cuites dans le beurre à l'étouffée ou bien accompagner d'une salade de cèpes ou de pleurotes à l'ail et au persil plat que vous aurez préparée auparavant.

700 g de filet de lotte
une gousse d'ail
sel, poivre
beurre ou margarine
vin blanc
safran
crème fraîche
aneth

Foie de volaille pour les amoureux

Lavez les foies de volaille et faites-les sécher sur du sopalin puis faites revenir doucement dans de l'huile d'olive avec le thym, la sarriette, l'origan, la livèche et la coriandre. Pour une question de goût, il est important d'utiliser des herbes fraîches ou des herbes conservées dans l'huile. Il est conseillé d'employer au moins 3 des 5 herbes mentionnées ci-dessus. Déglacez avec un vin corsé. Laissez cuire sur une plaque modérément chaude puis ajoutez de la crème fraîche, retirez la casserole de la plaque et assaisonnez avec le sel de mer et le mélange d'épices de type "cinq épices".

Décorez de basilic frais pour le goût et le plaisir des yeux. Servez ces foies de volaille sur du pain complet grillé encore chaud.

500 g de foie de volaille
huile d'olive
thym, sarriette
origan, livèche
coriandre
un peu de vin rouge
crème fraîche
sel de mer, mélange d'épices
de type "cinq épices"

Suprême de pintade

4 filets de pintade avec la peau
ou 2 filets de poulet sans la peau
huile d'olive
sel, mélange d'épices
de type "cinq épices"
curry, clous de girofle
noix muscade (moulue)
1 cuil. à soupe
de vinaigre balsamique
5 cuil. à soupe de madère
2 cuil. à soupe de miel
crème liquide
2 papayes ou 2 mangues

Faites dorer brièvement les filets côté peau et assaisonnez-les de sel de mer, d'épices de type "cinq épices", de curry, de clous de girofle et de noix muscade. Retournez-les au bout de 4 minutes environ. Si vous prenez des filets de poulet, vous devez les couper en tranches épaisses, les assaisonner et les faire cuire en les retournant à mi-cuisson.

Quand la viande est cuite, déglacez la sauce avec un mélange de vieux vinaigre balsamique, de madère et de miel. Laissez cuire le tout à feu doux environ 3 minutes. Terminez en ajoutant un peu de crème liquide.

Servez avec de la papaye ou de la mangue coupée en tranches et cuite quelques minutes dans le beurre à l'étouffée. Accompagnés de baguette fraîche, les suprêmes sont un plat délicat et stimulant.

Omelette Vitalité

3 grosses tomates
2 échalotes
6 œufs
3 cuil. à soupe de crème liquide
huile d'olive ou beurre
40 g de parmesan

Épluchez et épépinez les tomates, coupez la chair en dés. Faites-les cuire à l'étouffée dans le beurre ou l'huile d'olive avec les échalotes. Réservez. À présent, battez les œufs et la crème fraîche et versez ce mélange avec les tomates dans une poêle modérément chaude. Pendant que l'œuf se solidifie peu à peu, ajoutez le parmesan et une grande quantité d'herbes (coriandre, cerfeuil, citronnelle, pimprenelle, persil plat et origan). Utilisez

au moins 3 de ces herbes. Pour terminer, n'oubliez pas le sel de mer et le mélange d'épices de type "cinq épices". Servez immédiatement. Accompagnez d'une baguette fraîche.

coriandre, cerfeuil, citronnelle, pimprenelle, persil plat, origan, sel de mer, mélange d'épices de type "cinq épices"

AMUSE-GUEULES D'AMOUR

Pour les amuse-gueules du bain, prévoyez quelques mini-sandwiches. Pour les préparer, utilisez de préférence des toasts de pain de mie que vous aurez coupés en forme de petits triangles. Ils doivent avoir la taille d'une bouchée. Vous pouvez aussi remplacer le pain par des crackers.

Étalez sur le pain ou les crackers une fine couche de beurre ou de margarine et mettez sur certains de la purée d'avocat et des lamelles de saumon fumées. Vous aurez préparé la purée d'avocat en écrasant la chair de deux avocats à la fourchette. Ajoutez une bonne quantité de citron afin que la chair du fruit ne noircisse pas. Assaisonnez avec le poivre du moulin.

Garnissez quelques autres tranches de pain de caviar et d'oignon. Versez dessus un peu de citron. Sur les dernières tranches, mettez une tranche de fromage fumé et une datte coupée en deux. Disposez le tout artistiquement sur un plateau que vous installerez sur un tabouret à côté de la baignoire.

pain de mie ou crackers
beurre ou margarine
1 à 2 avocats
50 g de saumon fumé
2 citrons
1 petite boîte de caviar
1 petit oignon
50 g de fromage fumé
dattes

1 jus et la pulpe d'un petit citron vert ou d'un citron
125 ml de sucre cuit
1 cl de liqueur de framboise
2 gouttes d'huile de rose
$^{1}/_{4}$ de l de champagne
1 blanc d'œuf
$^{1}/_{2}$ gousse de vanille
1 belle rose

Sorbet à la rose : un plaisir pétillant

Mélangez le jus et la pulpe d'un citron vert ou d'un demi-citron (que vous aurez bien gratté) avec un 125 ml de sucre cuit. Dans une casserole modérément chaude, portez à ébullition le sucre et le jus puis filtrez ce sirop. Pendant qu'il refroidit, diluez 2 gouttes d'huile de rose dans 1 verre de liqueur de framboise. Ajoutez ce mélange au sirop. Transvasez le tout dans une sorbetière. Enfin, versez doucement le champagne dessus et mettez la sorbetière en route. Pour finir, battez le blanc en neige, ajoutez le contenu d'une $^{1}/_{2}$ gousse de vanille et incorporez délicatement au sorbet. Remettez au frais pendant 5 minutes.

Il est conseillé de placer au réfrigérateur les coupes de champagne pour qu'elles soient bien froides. Servez en plaçant dans chaque coupe une feuille de rose. Ensuite, avec une cuillère à glace ou une cuillère à soupe très creuse, transférez le sorbet dans les coupes. Auparavant, il est recommandé de plonger brièvement la cuillère à glace dans l'eau bouillante. Décorez les soucoupes qui supportent les coupes avec les feuilles de rose restantes.

Rêve de pomme

3 à 4 pommes à couteau
50 g de fructose ou de miel
branches de thym frais
1 doigt de vodka

Épluchez les pommes et coupez-les en petits morceaux. Faites-les cuire à l'étouffée dans une casserole avec 100 ml d'eau. Réduisez-les en purée à l'aide d'un presse-purée ou d'une fourchette. Si vous voulez vous faciliter la tâche, vous pouvez aussi acheter de la compote en pot. Dans une autre casserole, diluez le fructose ou le miel dans 250 ml d'eau bouillante et ajoutez les feuilles de thym, puis laissez mijoter tranquillement de 5 à 10 minutes. Vous pouvez verser un doigt de vodka dans ce sirop. Mélangez le sirop et la compote de pomme dès qu'ils ont refroidi. Mettez le tout au congélateur et remuez brièvement toutes les demi-heures afin que le mélange reste bien crémeux et ne forme pas un bloc compact.

Au bout de 4 à 5 heures, vous pouvez transvaser ce dessert glacé à la pomme avec son goût incomparable de thym dans de beaux verres. S'il reste de la place au réfrigérateur, placez ces verres au frais. Vous pourrez ainsi vous rafraîchir au sens propre du terme en dégustant ce dessert glacé après vous être réchauffés dans le bain.

Effleurer, pétrir, presser… Le massage est le plus vieux remède du monde mais il ne sert pas seulement à traiter la douleur, il favorise aussi le bien-être physique et l'équilibre psychique, il nous rend notre vitalité et notre joie de vivre. Grâce à lui, nous pouvons redécouvrir notre propre corps et décrypter ses désirs. Et quand deux êtres savourent ensemble le plaisir d'un massage en couple, ils vivent un grand moment d'intimité où chacun se rapproche de l'autre de façon presque magique et le touche jusqu'au plus profond de lui-même.

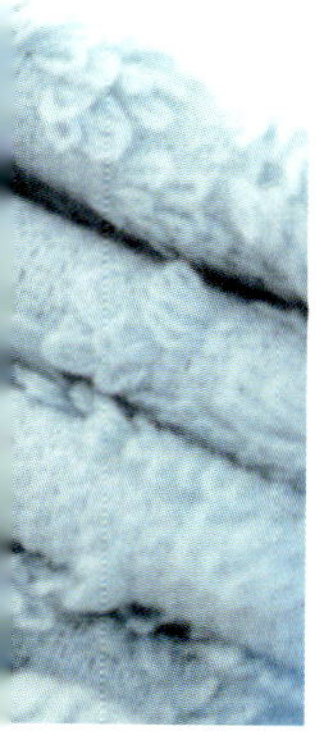

Le massage : toucher le corps et l'esprit

Les mains et leur pouvoir de guérison

Le massage est considéré comme le plus ancien remède du monde. Depuis toujours, les hommes ont tenté d'adoucir les souffrances physiques et d'apporter un délassement en utilisant leurs mains pour toucher, caresser et pétrir le corps. Chaque civilisation a développé ses propres techniques en la matière. Les méthodes traditionnelles chinoises remontent jusqu'au IIIe millénaire avant J.-C. L'Ayurveda, cette médecine fort réputée de l'Inde ancienne, confère un rôle considérable aux mains et à leur pouvoir de guérison. Quant aux Grecs et aux Romains, ils connaissaient déjà l'importance des massages dans le domaine sportif. En Occident, la plus célèbre technique de massage empruntée à la Chine ancienne est le massage par pression. Comme en acupuncture où l'on suscite certaines réactions grâce à des piqûres d'aiguilles, cette technique déclenche des réflexes qui favorisent la guérison et le bien-être en stimulant une série de points répartis sur tout le corps. Le massage classique actuel, lui, nous vient de Suède. Ses principes ont été élaborés au XXe siècle.

Toucher le corps et l'esprit

Aujourd'hui encore, dans notre civilisation, les contacts physiques ne jouent qu'un rôle secondaire. De manière générale, nous manifestons une grande réserve à ce sujet même s'il existe un écart considérable entre le Nord et le Sud – dans les pays méditerranéens, les gens sont nettement plus démonstratifs les uns envers les autres, ils s'embrassent et se touchent. Pour l'essentiel, nos contacts physiques se limitent à des poignées de main. Il est incontestable que dans l'Occident moderne, le sens du toucher s'est atrophié contrairement à d'autres domaines de perception.

Les massages spécifiques pour les bébés eux aussi se sont avérés très bénéfiques.

Pourtant, les contacts physiques nous sont indispensables. En fait, nous en avons tous besoin et ce, dès les premiers mois de la vie. C'est bien connu, les caresses fréquentes favorisent la croissance des bébés. Ceux qui reçoivent beaucoup d'affection grandissent et grossissent plus vite que ceux qui en sont plus ou moins privés. Ce n'est pas un hasard s'il existe aujourd'hui un massage spécifique pour les nourrissons. Il vise justement à leur faire découvrir le plaisir suscité par de nombreux câlins.

On sait aussi que le manque de contacts physiques peut provoquer des troubles psychiques et même conduire à la dépression. C'est ainsi que, par exemple, on recommande volontiers aux personnes âgées de prendre un animal de compagnie – de préférence un chien ou un chat – non seulement pour qu'ils s'en occupent mais aussi pour qu'ils puissent le caresser. Celui qui dispense les caresses y prend autant de plaisir que celui qui les reçoit. Tous les deux en retirent un bienfait.

Pourquoi apprécions-nous les massages ?

Le massage agit de manière globale, il stimule à la fois l'esprit et le corps. Il permet à ce dernier de se régénérer et renforce, déclenche même les défenses immunitaires qui existent dans tout organisme à peu près sain. L'effet est le même qu'on se masse soi-même ou qu'on se fasse masser : en touchant certaines zones du corps, on excite les terminaisons nerveuses présentes dans l'épiderme.

Le massage active la circulation sanguine et la circulation lymphatique. Grâce à lui, on peut agir sur le fonctionnement d'organes internes, par exemple sur la digestion. Ainsi, en massant le ventre selon une certaine méthode, on peut provoquer des effets bénéfiques sur l'appareil digestif. Si l'on masse les zones réflexes du pied où différents points de la voûte plantaire correspondent à des organes précis, il est possible d'influer directement sur eux.

Le massage apporte une amélioration pour de nombreux problèmes de santé.

Bien entendu, le massage exerce une influence très forte sur le système nerveux dont les récepteurs sensoriels se trouvent sous la peau. Un seul et même geste est susceptible de tonifier ou au contraire d'apaiser selon la manière dont on l'exécute. Le massage est aussi un excellent remède contre les contractures musculaires. Par ailleurs, il suscite une réaction indirecte : grâce à la pression des mains, des hormones sont secrétées et diffusent dans tout le corps une intense sensation de bien-être.

La médecine classique qui ne reconnaît aucun traitement sans preuve indubitable de son efficacité considère elle aussi que les bienfaits de cette thérapeutique ont été démontrés. Même en cas de fortes douleurs comme les maux de tête, les douleurs musculaires et articulaires ou en cas de tension basse, de troubles du sommeil et de problèmes digestifs, elle recourt à certains massages.

Remède éprouvé contre le stress et les contractures musculaires, le massage peut en outre servir de tonifiant ou d'excitant. Il peut stimuler le désir sexuel

même lorsqu'on le pratique sans son conjoint. Chacun sait comme il se sent bien quand il se masse lui-même les mains, le ventre ou le visage. Par ailleurs, c'est un facteur de beauté. Parce qu'il active la circulation sanguine, le massage lisse les rides et dénoue les tensions. Mais ses bienfaits esthétiques sont aussi indirects : grâce à son effet stimulant sur le corps et euphorisant sur l'esprit, il nous rend heureux et par là-même rayonnant. Cependant, il faut savoir que ce traitement n'est bénéfique que s'il est pratiqué régulièrement. En dépit de l'agrément qu'elle peut procurer, une seule séance de massage n'apporte aucune amélioration durable. Pour être efficace, cela doit devenir un rituel et il arrive parfois qu'on ne puisse plus s'en passer. L'Ayurveda conseille le "massage synchrone" où deux masseurs pétrissent le corps en même temps. Le simple fait d'imaginer ces quatre mains parcourant le dos, les bras et les jambes est susceptible de provoquer une intense sensation de bien-être.

Les contre-indications

Comme tout remède, le massage a ses limites. Ainsi, son utilisation pose-t-elle problème pendant la grossesse. Si l'on connaît les bons gestes, c'est un bienfait pour la future maman. Mais s'il n'est pas pratiqué dans les règles de l'art, il peut être nocif. En cas de troubles sérieux de la circulation, d'hypertension, d'infarctus, de grippe ou de toute autre infection accompagnée de fièvre, en cas de phlébite, de varices ou de risques de thrombose, il vaut mieux y renoncer ou consulter un médecin. Il ne soigne pas non plus les blessures ou les cicatrices récentes. Le masseur professionnel sait très bien dans quels cas il doit s'abstenir et dans quels cas il peut utiliser son art pour guérir telle ou telle maladie. Toutefois, le présent ouvrage est exclusivement consacré aux massages qu'on peut pratiquer soi-même, seul ou avec son conjoint.

Les huiles essentielles rendent la peau douce

On peut se passer d'huile ou de crème pour faire un massage. L'utilisation d'huile est néanmoins conseillée et vous ne trouverez jamais de professionnel qui ne s'en serve pas. Pourquoi ? Parce qu'elle rend les mains très douces et

L'absorption de certaines substances se fait plus rapidement par voie percutanée que par voie orale. Ainsi, on constate la présence des composants des huiles essentielles dans le sang seulement 20 minutes après les avoir appliquées sur la peau.

leur permet de glisser parfaitement sur le corps. Et pour celui qui se fait masser aussi, la sensation est plus agréable. Par ailleurs, n'oublions pas que certaines huiles végétales ont des vertus thérapeutiques lorsqu'on les applique sur la peau.

Certaines personnes sont incommodées par l'huile d'olive parce qu'elle évoque tout de suite les sauces de salade. Le mieux est de masquer son odeur assez forte avec de l'huile de sésame, une huile neutre qui contient des antioxydants. Choisissez une huile d'olive obtenue par première pression. L'huile d'amande douce est très nutritive. On s'en sert fréquemment (sauf en cas de peau grasse) parce qu'elle a de nombreuses propriétés. Son odeur caractéristique, très douce, rappelle celle de la noix. L'huile de pépins de raisin hydrate l'épiderme sans laisser de filtre gras dessus et en plus, elle est très bon marché. Quant à l'huile d'avocat, nourrissante et riche en vitamines, il vaut mieux la mélanger avec une huile support pour atténuer son odeur très prononcée.

Deux huiles sont indispensables pour un massage efficace et pour un traitement interne simultané : l'huile de bourrache qui hydrate les peaux sèches et l'huile d'onagre qui lutte contre le vieillissement de la peau. Elles ont toutes deux une teneur élevée en acide linoléique et gamma-linoléique. Ces substances permettent la formation de la prostaglandine, qui joue un rôle déterminant dans de nombreux processus métaboliques. L'huile de bourrache et celle d'onagre soignent les inflammations cutanées, préviennent les thromboses, les surcharges pondérales et l'artériosclérose. Ces huiles très riches en acides gras insaturés ont un seul défaut : elles rancissent très vite. Elles doivent donc être conservées dans des bouteilles spéciales d'où l'on peut expulser l'oxygène.

L'huile de coco, découverte en Inde, fait toujours partie des classiques. En Europe, on la trouve généralement à l'état solide et il faut la chauffer pour qu'elle redevienne liquide. Mélangée à de l'huile essentielle d'ylang-ylang, elle augmente le taux d'hydratation de la peau. En Asie du Sud-est, elle est souvent utilisée pour les soins capillaires.

L'huile de jojoba, un remède éprouvé que les Indiens d'Amérique du Nord connaissaient déjà, est un bon produit de base. Toutefois, il ne s'agit pas d'une huile au sens classique du terme mais plutôt de cire liquide. Elle présente l'avantage de ne pas s'oxyder et ne rancit pas. C'est pourquoi elle constitue une base excellente pour les préparations d'huiles essentielles. On l'emploie volontiers en cas d'inflammation cutanée, de psoriasis et d'eczéma.

L'huile de germes de blé, obtenue par pression des germes, est riche en acides aminés, en lécithine, en vitamines A, B, C et K. Elle laisse un film protecteur sur la peau dont elle améliore l'élasticité. Elle régénère les peaux dévitalisées.

L'huile d'aloès contient un grand nombre d'enzymes, d'oligo-éléments, de minéraux et de vitamines. Grâce à son fort taux d'hydratation, elle revitalise la peau, ralentit le vieillissement et soigne en outre les coups de soleil et les brûlures.

Il existe aussi des huiles de massage contenant des huiles essentielles et d'autres substances. Outre leur parfum très agréable, elles ont des vertus thérapeutiques précises car les huiles essentielles pénètrent dans l'épiderme et ont des effets très ciblés.

La magie des huiles essentielles

On peut utiliser les huiles de massage comme base, comme huiles supports et leur adjoindre quelques gouttes d'huiles essentielles pour les parfumer. Cependant, elles contiennent déjà des principes actifs. Grâce à leur odeur délicieuse, les substances aromatiques que l'on ajoute contribuent à la détente, accentuent la sensation de bien-être et influent sur l'humeur. L'aromathérapie se sert des vertus thérapeutiques de ces huiles pour traiter certains troubles organiques.

Soyez prudent lorsque vous utilisez des huiles essentielles. Très concentrées, elles peuvent provoquer de graves inflammations si on les applique sur la peau sans les avoir diluées. Elles ne doivent en aucun cas entrer en contact avec les muqueuses. Une seule goutte versée sur un doigt de la main que l'on rince brièvement sous l'eau peut susciter une irritation très désagréable si l'on se frotte l'œil avec ce doigt.

Les huiles essentielles sont extraites des graines (coriandre, cumin), des racines (angélique, vétiver), du bois (bois de rose, cèdre, santal), de la résine (benjoin, myrrhe), du zeste (citron) ou de l'écorce (cannelle). En règle générale, elles coûtent très cher parce qu'il faut une énorme quantité de plantes pour obtenir seulement quelques millilitres d'huile. D'un autre côté, ces substances très concentrées sont extrêmement puissantes et agissent à raison de quelques gouttes versées dans une préparation.

Le charme particulier des huiles essentielles vient du fait qu'on peut les combiner selon ses goûts et créer ainsi des fragrances personnalisées. Il est cependant déconseillé de mélanger plus de 3 huiles différentes. Chacune ayant des applications précises, il faut prendre garde à ne pas associer des propriétés contradictoires, par exemple une huile tonifiante et une huile apaisante.

Les huiles essentielles et leurs effets très puissants sur le corps

Les huiles essentielles, les essences aromatiques ou les huiles aromatiques ne sont pas des huiles grasses : leurs composants essentiellement volatiles ne laissent aucune trace sur le papier.

Le traitement par les huiles essentielles, très concentrées en agents principaux ou spécifiques, permet d'obtenir des résultats rapides. Bien souvent, une plante administrée sous forme d'infusion, de poudre ou de concentré n'a pas les mêmes propriétés. À titre d'exemple, l'huile de géranium Robert qui ne résulte pas de la distillation est manifestement excellente pour soigner le diabète. L'huile de géranium Bourbon, elle, n'a pas cette vertu.

Pour revenir à l'action rapide des huiles essentielles, en général 3 à 6 semaines (3 mois au maximum) suffisent pour rétablir l'équilibre lorsqu'on soigne des troubles par l'aromathérapie.

Quel que soit l'endroit où elle est appliquée, une huile essentielle est attirée par la partie du corps dont la fonction physique ou l'organe est perturbé. C'est une spécificité des huiles essentielles. La plante et l'infusion n'ont pas cette propriété.

Seules quelques huiles essentielles peuvent être employées seules ou en association avec d'autres sans être diluées. Toutes les autres doivent être combinées avec au moins une autre huile essentielle ou diluées dans de l'huile de pépins de raisin, de l'huile d'olive, de l'huile de calendula ou un lait pour le corps neutre.

Les huiles essentielles suivantes peuvent être utilisées pures : eucalyptus, géranium, ylang-ylang, cajeput, camomille, pin, cumin, lavande, marjolaine, niaouli, orange, bois de rose, romarin, genévrier, cèdre, citron, cyprès et petit grain.

Vous pouvez diluer les huiles suivantes dans une huile support ou les combiner avec une autre huile essentielle : anis, basilic, bergamote, verveine, estragon, gingembre, coriandre, lemon-grass, muscade, girofle, origan, sariette, menthe poivrée, orange amère, rose, sassafras, térébenthine, thuya, thym et cannelle. Les huiles essentielles de menthe poivrée, de thym, d'origan et de gingembre, très puissantes, doivent être utilisées avec beaucoup de précautions.

Les huiles essentielles ne sont pas une panacée mais dans bien des cas, elles guérissent les problèmes cutanés, elles influent sur le bien-être général et apportent un net regain d'énergie. Cet effet est perceptible 5 à 10 jours seulement après le début du traitement.

Quand les Égyptiens commencèrent à utiliser des huiles essentielles sur le corps vivant et plus seulement pour l'embaumement, ce fut sous forme de friction. Ils appréciaient les huiles aussi bien pour leur fragrance que pour leurs vertus thérapeutiques. C'est ainsi que naquit le parfum, mélange d'huiles essentielles préparé en fonction des désirs, de la sensibilité ou de la perception de chaque individu.

Nous savons qu'il est possible de détecter la présence des huiles essentielles dans le sang et la lymphe environ 4 heures après leur application sur la peau. Tout le monde peut accroître sa vitalité le matin grâce à une friction d'huiles essentielles et favoriser ainsi durablement le réveil du corps en début de journée, la détente et le sommeil réparateur le soir. Il existe différents types de frictions comme celle tonifiante le matin ou celle relaxante le soir. Si vous avez mangé des plats lourds, une friction digestive spécialement adaptée à ce problème est recommandée. Les frictions pour la respiration et la circulation sanguine améliorent l'oxygénation des cellules. Mais il existe également des frictions qui soulagent les douleurs et même d'autres qui stimulent le désir et permettent des performances sexuelles étonnantes.

Les enfants ont une peau très sensible. Pour les soigner, il vaut mieux mélanger les huiles essentielles avec de l'huile de germes de blé, de l'huile d'amande douce ou de l'huile d'olive à parts égales. L'aromathérapie est exclue pour les bébés de moins de six mois !

Pour une friction, dosez les huiles essentielles, toujours diluées dans une huile support comme suit :
Corps : 30 gouttes
Ventre : 5 à 10 gouttes
Douleur : 5 à 10 gouttes
Jambe : 5 à 20 gouttes
Cheveux : 50 à 100 gouttes
Visage : 3 à 5 gouttes
Dos et thorax : 20 à 30 gouttes
Pieds : 10 gouttes

Comment faire une friction ?

Versez quelques gouttes de la préparation que vous avez choisie sur votre main. Frottez brièvement les paumes l'une contre l'autre et massez les parties du corps à traiter. Faites pénétrer l'huile en effectuant des cercles lents dans le sens des aiguilles d'une montre.

Faites vos frictions tonifiantes et relaxantes respectivement le matin entre 6 et 12 heures et le soir entre 18 et 24 heures. Programmez de préférence votre friction aphrodisiaque à 17 heures ou juste avant le coucher. Celle destinée à faciliter la digestion se pratique toujours juste après le repas. Vous pouvez effectuer celle pour la respiration le matin et le soir. Pour activer la circulation, choisissez plutôt un moment dans la matinée, à 17 heures ou avant le coucher. Quant aux frictions des pieds, elles peuvent se faire à n'importe quelle heure du jour et de la nuit. Il en va de même pour celles du cuir chevelu et du visage qui ont pour seule visée la beauté et le bien-être général.

Pour prendre un bon départ dans la journée, essayez la friction matinale suivante. Pour commencer, jetez-vous à l'eau, passez sous la douche froide puis pendant quelques minutes, respirez calmement et profondément. Veillez à maintenir des inspirations et des expirations régulières. Appliquez à présent 20 à 30 gouttes d'une préparation d'huiles essentielles sur le thorax, le dos, la nuque, la colonne vertébrale, la voûte plantaire et le plexus solaire. Massez toujours en effectuant des cercles dans le sens des aiguilles d'une montre. Consacrez chaque matin 1 minute et demie à 2 minutes à ce massage. Les huiles suivantes pures sont tout indiquées pour cette friction matinale : géranium, pin, romarin, bois de rose, santal, cèdre et citron. Vous devez diluer dans une huile de base les huiles essentielles de verveine, d'origan, de muscade, de coriandre, de basilic, de menthe poivrée, de thym et de cannelle.

Pour la friction du soir, passez d'abord sous la douche chaude ou plongez dans un bain chaud relaxant puis faites vos exercices de respiration pendant 3 minutes. Enfin, accordez-vous une friction relaxante constituée de 20 à 30 gouttes d'huile essentielle associée à une huile support. Appliquez sur le thorax, le dos, la nuque, la colonne vertébrale, la voûte plantaire, les bras, les jambes et le plexus solaire.

Toutefois, les huiles essentielles n'agissent pas seulement par voie cutanée mais aussi par l'intermédiaire de l'odorat ou par traitement interne. Si vous laissez un flacon ouvert ou si vous en laissez couler quelques gouttes, vous sentirez tout de suite cette odeur forte et prononcée. Certains accessoires permettent également de répartir le parfum des huiles dans l'atmosphère de la pièce. Les commerces spécialisés vendent ce qu'on appelle des ventilateurs d'arômes. On verse les huiles goutte à goutte dans une cartouche que l'on insère dans l'appareil. Le ventilateur intégré répand le parfum en tournant. Les appareils diffuseurs aérosols eux aussi fonctionnent à l'électricité. Ce genre d'appareil pulvérise les huiles essentielles sans chauffer et les transforme en minuscules gouttelettes. Ces dernières produisent à leur tour des molécules en suspension dans l'air, un peu à la façon du vent qui répartit dans l'atmosphère l'oxygène produit par l'énergie solaire.

Les pierres thermiques aromatiques sont tout simplement des plaques électriques qui chauffent des coupelles d'eau et entraînent ainsi l'évaporation de l'eau et de l'huile essentielle contenue dedans. Contrairement aux brûle-parfums qui fonctionnent avec des bougies, ces appareils ne peuvent provoquer aucun incendie, ils sont donc particulièrement indiqués pour une chambre d'enfants ou chez les personnes âgées.

Toutefois, on peut aussi choisir un accessoire plus simple et prendre n'importe quel récipient susceptible de contenir beaucoup d'eau. On verse dedans quelques gouttes d'huiles et on le pose sur un radiateur ou un petit poêle. Les brûle-parfums sont souvent très jolis mais ils fonctionnent exactement de la même façon qu'une coupelle placée sur un radiateur.

Les anneaux en céramique, fabriqués en céramique non vernissée, s'installent directement sur les lampes. On verse dessus la préparation d'huiles et on les visse sur la douille d'une lampe. Ce procédé est très avantageux si l'on ne veut pas renoncer à ses huiles en voyage. Il permet d'en jouir le soir à l'hôtel après une stressante journée de conférences.

Les formes les plus populaires de l'aromathérapie sont sans aucun doute l'inhalation et le bain de vapeur (cf. le chapitre "99 bains pour votre bien-être"). Pour l'inhalation sèche, mettez les huiles essentielles sur un mouchoir ou sur un morceau de coton et inspirez par le nez. Cette méthode convient aux personnes qui n'apprécient pas la vapeur chaude.

Huile parfumée pour masser le dos

10 ml d'huile de lavande diluée
1 goutte d'huile de lemon-grass
1 goutte d'huile de bergamote

Délayez 1 goutte d'huile de lemon-grass et 1 goutte d'huile de bergamote dans 10 ml d'huile de lavande diluée. Cette quantité suffit pour un massage. Son action est rafraîchissante.

Huile anti-stress

10 ml d'huile de ylang-ylang
10 ml d'huile d'amande douce
1 goutte d'huile de camomille
3 gouttes d'huile de citron pure

Versez 10 ml d'huile de ylang-ylang diluée dans 10 ml d'huile d'amande douce, ajoutez à cette mixture 1 goutte d'huile de camomille romaine et 3 gouttes d'huile de citron pure. Ce massage a un effet relaxant.

Mélanges pour le massage

Huile anti-douleur

10 ml d'huile d'olive bio
10 ml d'huile de genévrier diluée
2 gouttes d'huile de poivre noir
4 gouttes d'huile de marjolaine

Cette préparation spéciale, très connue en France, est recommandée en cas de douleurs articulaires ou rhumatismcles. Elle convient particulièrement aux femmes souffrant d'hydropisie, de troubles de la circulation sanguine, de problèmes de peau grasse, d'acné et de règles douloureuses. Elle calme également la nervosité et l'angoisse.

Mélangez 10 ml d'huile d'olive bio avec 10 ml d'huile de genévrier diluée et ajoutez 2 gouttes d'huile de poivre noir et 4 gouttes d'huile de marjolaine.

Huile anti-cellulite

10 ml d'huile de genévrier diluée
2 gouttes d'huile de genévrier
2 gouttes d'huile de géranium
2 gouttes d'huile de citron

Utilisez 10 ml d'huile de genévrier diluée comme huile support et mélangez-la avec 2 gouttes d'huile de genévrier, 2 gouttes d'huile de géranium et 2 gouttes d'huile de citron. Comme cette préparation est particulièrement efficace contre la cellulite, il est conseillé de pratiquer d'abord un massage par étirement selon la méthode du Dr. Jacquet (cf. p. 199) puis de faire pénétrer doucement l'huile dans la peau.

Macération anti-douleur

Le procédé de la macération consiste à laisser tremper des tissus pour qu'ils se dissolvent dans un liquide. Pour obtenir une macération, on prend des fleurs que l'on recouvre d'un double volume d'huile support et qu'on laisse macérer pendant environ un mois dans un récipient fermé conservé à l'abri de la lumière.

Pour fabriquer une macération spéciale anti-douleur, on utilise des fleurs de jasmin et de l'huile d'olive. Cette huile s'emploie après un bain relaxant pour un massage de tout le corps ou s'applique sur les zones réflexes.

3 tasses de fleurs de jasmin
1 l d'huile d'olive première pression à froid

Préparatifs pour le massage

Vous pouvez vous faire masser assis ou couché. Nombreux sont ceux qui préfèrent la position allongée. Si vous restez assis, choisissez une chaise qui vous permette de vous adosser et de rester détendu, le dos droit.

Si vous voulez gratifier votre partenaire d'un massage intégral, vous avez besoin d'un support solide car il ne peut se pratiquer qu'en position allongée. Dans de rares cas, on dispose d'un lit adapté comme celui que l'on voit chez son masseur professionnel. Si vous optez pour le canapé ou le lit, celui qui masse sera contraint de se pencher nettement vers l'avant et il risque fort de se faire mal. De plus, le lit n'est pas idéal parce que bien souvent, il est trop mou et que le matelas a tendance à s'enfoncer. Le massage peut à la rigueur se dérouler dessus s'il a lieu juste avant le coucher.

Le partenaire qui masse a toujours intérêt à adopter une position décontractée. Il a également besoin d'une tenue confortable.

Mais vous pouvez aussi vous installer par terre. Capitonnez le sol, par exemple avec un sac de couchage, un futon, un matelas très fin, une couette, un matelas en mousse ou avec de grosses couvertures de laine. À cause des huiles, il vaut mieux recouvrir le support de grandes serviettes. Des coussins ou des serviettes que l'on enroulera apporteront un supplément de confort. Si vous faites un massage à genoux, pensez à protéger vos genoux et gardez le dos droit.

Masser, c'est toute une technique

Première chose : vous n'avez pas besoin d'une formation de masseur professionnel. En fait, masser n'est pas difficile. La plupart du temps, quand vous vous massez ou que vous massez votre partenaire, vous procédez correctement de manière instinctive. Vous effleurez la peau, vous pétrissez les muscles en vous fiant à ce qui vous plaît ou à ce qui plaît à votre partenaire. Et c'est très bien ainsi. Mais si vous vous familiarisez un tout petit peu avec les techniques de base, ce sera encore mieux.

Attention à respecter certaines règles. Premier principe, on masse systématiquement en direction du cœur, par exemple au niveau des bras, on va toujours des mains vers les épaules ou au niveau des jambes, on remonte des doigts de pieds vers les cuisses. Ne massez jamais directement l'os, notamment la colonne vertébrale car c'est extrêmement déplaisant. Arrêtez le massage s'il fait souffrir votre partenaire. Massez les muscles contractés. Certes, c'est un peu douloureux mais en même temps cela crée la sensation très agréable que les muscles se dénouent. En revanche, si la douleur s'accroît, il faut interrompre le massage, du moins sur la zone en question.

Les contractures se sentent. Un muscle détendu est bien souple au toucher. Un muscle contracté est dur à certains endroits et douloureux lorsqu'on le masse.

Celui qui masse doit s'y préparer physiquement et s'échauffer en faisant des cercles avec la tête, des étirements et des exercices de respiration abdominale.

En règle générale, un massage professionnel complet dure une demi-heure mais sa durée peut être prolongée jusqu'à une heure entière. Si vous souhaitez vous accorder ou accorder à votre partenaire un massage destiné au bien-être, soyez raisonnable. Dix à quinze minutes suffisent amplement. Durant ce laps de temps, vous pouvez vous concentrer sur une partie du corps précise ou bien aller des pieds à la tête.

Commencez par tester sur vous-même les gestes de base ci-dessous (dos excepté évidemment), car vous êtes le mieux placé pour déterminer l'intensité que vous devez donner à vos mouvements quand vous massez votre partenaire.

L'EFFLEURAGE

Un massage commence toujours par l'effleurage. Cette technique établit le premier contact physique avec la personne que l'on masse, elle permet aux partenaires de s'adapter l'un à l'autre mais elle vise aussi à répartir l'huile de massage ou la crème uniformément sur la peau. Pour finir, elle peut être une manière agréable de terminer le massage.

Pendant le massage, ayez toujours une main en contact avec votre partenaire. En effet, si vous retirez les deux mains en même temps, l'ambiance générale décontractée sera rompue et perturbée. Pour cette raison, prenez soin de masser toujours de manière fluide et régulière et jamais avec des gestes brusques ou saccadés.

Pour l'effleurage, après s'être enduit les mains d'huile (attention à ne pas mettre trop d'huile, sinon vous ne pourrez plus exercer aucune pression marquée), on pose les mains bien à plat côte à côte sur le corps. Ensuite, elles progressent en glissant de manière symétrique avec une pression plus ou moins forte des paumes, elles s'écartent l'une de l'autre et remontent en suivant les contours du corps tout en diminuant leur pression (fig. en bas à gauche). Vous pouvez varier la vitesse de vos mouvements. Un effleurage doux et lent apaise et détend. Un effleurage rapide stimule la circulation sanguine.

Le massage circulaire est une variante de l'effleurage. Pour le pratiquer, il suffit d'esquisser des cercles sur la peau avec la paume des mains. Ce geste aussi a un effet relaxant et apaisant. Pour effectuer des cercles avec les deux mains, posez-les à plat sur le corps à une certaine distance l'une de l'autre. Ensuite, faites-les glisser en dessinant un arc très large sur le corps et assemblez-les pour qu'elles forment un cercle.

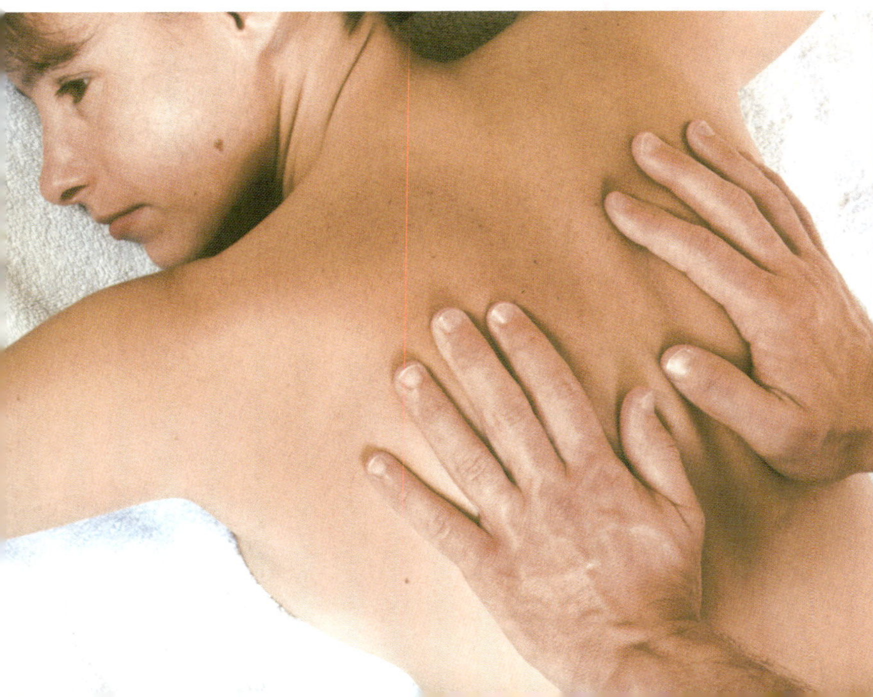

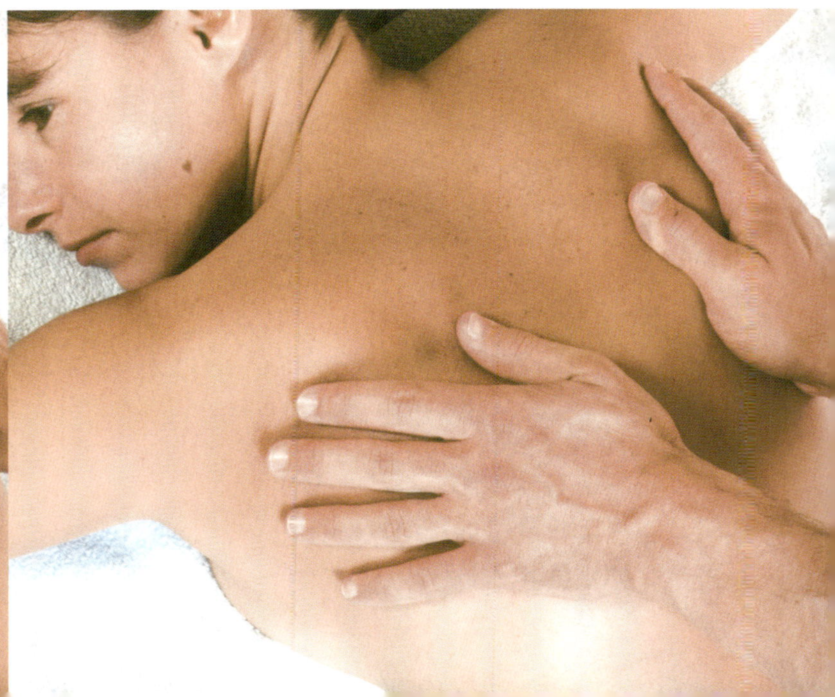

Le pétrissage

Le pétrissage consiste à manipuler les muscles presque comme la pâte d'un gâteau. Empoignez une partie du muscle entre le pouce et l'index et roulez-le, pressez-le, appuyez dessus (fig. à droite au centre). Pour cette technique, la peau ne doit être ni trop sèche, ni trop huileuse, sinon vous risquez de pincer les muscles trop huileux ou de déraper parce que la peau sera trop glissante. Le pétrissage énergique favorise l'irrigation des tissus, dénoue les tensions et permet l'élimination locale des toxines.

La pression

En direction du cœur, on appuie fortement sur les muscles en suivant systématiquement le sens des fibres. Vous pouvez exercer la pression avec le pouce ou la partie charnue de la paume de la main. Mais attention : n'appuyez pas trop fort et soyez particulièrement délicat quand vous massez les articulations.

La friction

La friction consiste à exercer une pression sur les différentes parties du muscle avec le pouce ou le bout des doigts en effectuant des cercles ou des spirales (fig. au coin à droite). Cette technique est très relaxante.

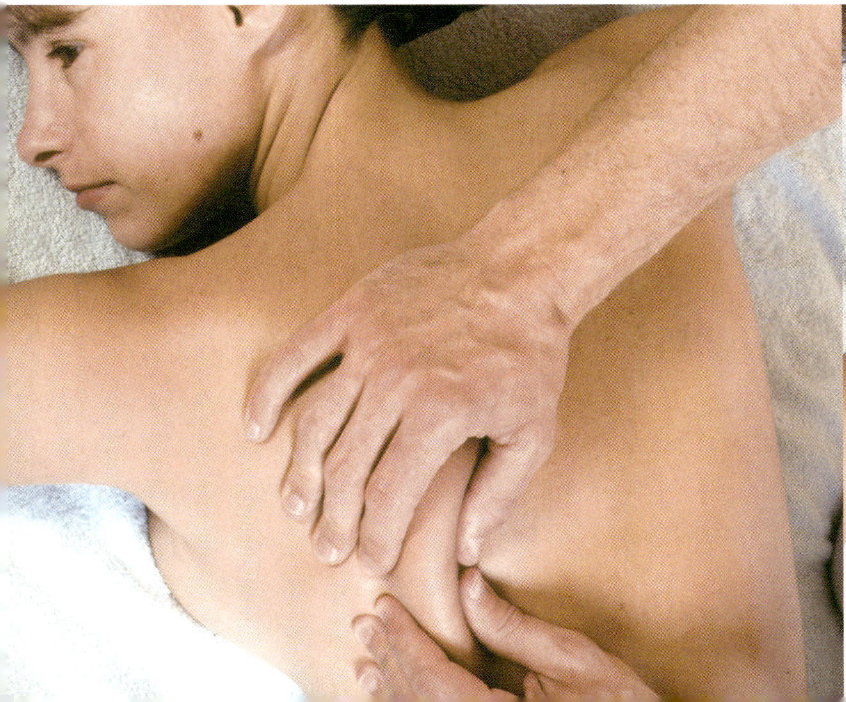

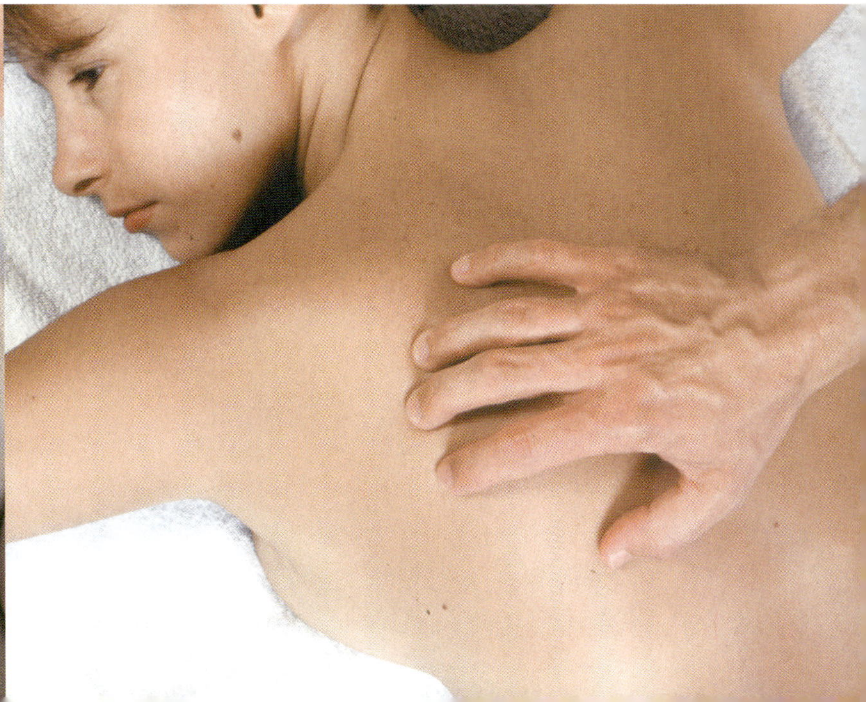

Offrez à votre front un massage par pression doux comme une caresse : avec le revers des mains, effacez les tensions et les rides par effleurage. Placez les mains de chaque côté de la tête et joignez les pouces au milieu du front. En exerçant une légère pression, faites-les glisser vers l'extérieur.

La percussion

La percussion est un procédé tout à fait différent. Avec le tranchant, le plat ou le creux des mains ou encore avec les poings, on tapote, on martèle, on donne des claques et on percute. Mais attention : n'utilisez jamais la percussion sur les os. La percussion stimule l'irrigation des tissus et réveille le corps en le secouant.

Un massage doux de la tête et du visage

Ce genre de massage a des vertus relaxantes merveilleuses et peut être très câlin. Ici, la technique est essentiellement basée sur des mouvements caressants et circulaires. Mais vous pouvez aussi pétrir doucement les arcades sourcilières, les joues et les oreilles. Pour ce massage, le mieux est de s'asseoir ou de se mettre à genoux derrière son ou sa partenaire.

Si vous utilisez de l'huile pour masser le visage, ne prenez que de très petites doses. Évitez les huiles essentielles car il ne faut en aucun cas prendre le risque de s'en mettre dans les yeux. De toute façon, pour cette partie du corps, l'huile n'est absolument pas indispensable.

Un bienfait pour les mains et le visage

Les mains sont la partie du corps la plus sollicitée, aussi un petit massage leur fait-il le plus grand bien. Massez un bras après l'autre. Commencez par les mains et remontez ensuite jusqu'aux épaules. Vous pouvez empoigner, pétrir et presser le bras et l'avant-bras assez énergiquement mais pas les articulations.

L'intérieur de l'avant-bras lui aussi se dénoue quand on le presse et qu'on le pétrit. On masse les muscles situés entre les doigts en faisant glisser les pouces de la base des doigts jusqu'au poignet. Quant aux paumes de main, on les effleure et on les frictionne avec les pouces en effectuant des mouvements en forme de spirale jusqu'au poignet.

Le dos et la nuque

Beaucoup de gens ont les épaules et la nuque contractées. Pour se sentir bien et se régénérer, le massage de la nuque et des épaules est essentiel. Observez vos réactions quand vous travaillez dans une position fatigante : certains se massent la nuque de temps en temps de façon complètement inconsciente.

Commencez par effleurer la nuque et les épaules. Pour dénouer les tensions, un pétrissage énergique est nécessaire (soyez néanmoins très prudent en cas de problèmes au niveau des vertèbres cervicales !). Vous pouvez aussi frotter et presser cette zone. Mais là encore, la prudence est de mise : si la manipulation est douloureuse, cela prouve qu'elle est trop violente, elle risque même de déclencher des maux de tête. Alors ne vous trompez pas en dosant votre massage. En revanche, dès lors que la personne massée se sent bien, cela signifie que vous vous y prenez comme il faut.

Le massage pour le dos lui aussi est une chose merveilleuse. À cet endroit, vous pouvez utiliser une quantité d'huile plus importante sans toutefois rendre la peau luisante. Tout d'abord, répartissez l'huile en effleurant le dos puis étalez-la avec des mouvements amples. Si vous accentuez la pression, vous détendrez la musculature. Les frottements en cercle et en spirale dénouent les contractures. Terminez par un effleurage léger.

Donnez du peps à vos jambes et à vos pieds

Les jambes supportent tout le poids du corps. Elles sont particulièrement éprouvées lorsqu'on reste trop longtemps debout, qu'on ne porte pas de bonnes chaussures ou quand on fait trop de sport. Dans ces conditions, un bon massage est le plus beau cadeau qu'on puisse offrir à des jambes trop sollicitées ! Et même quand elles ne sont pas douloureuses, un massage câlin qui vient couronner un petit programme de bien-être est toujours appréciable.

Occupez-vous d'abord de la face postérieure des jambes et ensuite de la face antérieure. En conséquence, la personne que vous massez doit s'installer d'abord à plat ventre puis sur le dos. Le massage se fait toujours en direction du cœur. Sur les jambes, vous pouvez recourir à toutes les techniques, en commençant par un effleurage léger puis en continuant par la friction, la pression et le pétrissage. Attention aux articulations des genoux. En cas de varices et d'œdèmes lymphatiques, c'est-à-dire d'accumulation de liquide dans les jambes, laissez faire un professionnel.

On traite les pieds par pression, lissage et étirements. Massez d'abord un pied puis l'autre. Occupez-vous aussi bien de la voûte plantaire que du coup de pied. N'oubliez pas non plus les doigts de pieds et lissez les interstices entre les doigts. Certaines personnes ont la voûte plantaire très sensible et très chatouilleuse. Vous résoudrez ce problème en massant plus lentement et plus énergiquement.

L'automassage

Se masser soi-même dans un but précis est très bénéfique. Essayez et abordez la journée en pleine forme, retournez travailler après avoir fait le plein d'énergie lors d'une brève pause "massage" ou terminez une journée stressante par un moment de relaxation absolue le soir.

Certains considèrent que se masser soi-même est un pis-aller : on le fait parce qu'il n'y a personne pour nous accorder ce bienfait. Vu sous cet angle, cette critique est juste ; toutefois, il ne faut pas oublier que personne ne connaît mieux votre corps que vous-même. Chacun d'entre nous sait parfaitement où il ressent des tensions, quelle doit être l'intensité de la pression exercée sur la peau ou quelle partie du corps a besoin d'être massée.

De temps en temps, on a aussi l'occasion de s'accorder un massage de cinq minutes pour se requinquer. Par exemple sur son lieu de travail quand on est fatigué et abruti, ou pendant le trajet monotone dans le bus ou encore dans l'avion quand on reste coincé pendant des heures sur son siège étroit. Dans ces cas-là, vous pouvez obtenir des résultats extraordinaires en vous massant vous-même que ce soit pour vous tonifier ou vous relaxer. La seule chose dont vous ayez besoin, ce sont vos mains.

Se masser le dos n'est pas facile. Pour cela, vous avez besoin d'un partenaire. Mais pour le visage, la nuque, le thorax et le ventre, les mains, les jambes et les pieds, se prendre en charge n'est pas un problème. On peut même s'autoriser un massage intégral. Pour cela, on respecte toujours le même ordre, on commence par les pieds, on va jusqu'à la taille en passant par les jambes puis on remonte jusqu'au thorax. Ensuite, on passe à la tête.

À quoi sert l'automassage ?

Le matin, vous souhaitez sans doute dissiper votre fatigue et être en pleine forme pour affronter la journée. Votre objectif est de donner un coup de fouet à l'organisme. Si vous prenez le temps de vous faire un petit massage pendant que vous travaillez, que vous êtes en voyage ou pour tromper l'ennui lors d'une période d'attente, vous aurez à traiter vos contractures ou peut-être simplement à évacuer le stress. Et là encore, le massage est très efficace. Le soir, vous voulez vous débarrasser du stress de la journée et des tensions

nerveuses afin d'être d'attaque pour un concert ou une soirée. Voilà à quoi servent les techniques de massage proposées. Les mouvements circulaires et les caresses, par exemple, détendent et apaisent, font disparaître les crispations. Inversement, le pétrissage et la percussion réveillent, tonifient.

Pour profiter de l'agrément d'un massage entre deux phases de travail, vous n'avez même pas besoin de vous déshabiller. En revanche, vous avez intérêt à vous isoler car il est rare qu'on parvienne à bien se détendre sous le regard des autres. Dans tous les cas, choisissez une position confortable. Vous pouvez vous installer sur une chaise équipée d'une assise solide et d'un dossier bien droit ou par terre, sur un tapis ou encore mieux, sur un tapis de gymnastique. Si vous êtes seul et chez vous, il vaut mieux ôter vos vêtements et donner à votre corps le sentiment d'être totalement libre de ses mouvements. Dans ce cas, utilisez une huile de massage, cela rendra la chose encore plus agréable. L'huile et ses ingrédients font beaucoup de bien à la peau et le parfum qui parvient à vos narines agit sur votre perception olfactive.

Le visage

Le massage du visage a des vertus tonifiantes. Il peut chasser les maux de tête, la fatigue, la nervosité et la tension nerveuse. Et il a aussi des

répercussions esthétiques. Vous pouvez le pratiquer à peu près n'importe où et vous n'avez pas besoin de beaucoup de temps. Consacrez-y juste 10 minutes le matin, sur votre lieu de travail ou le soir. Utilisez très peu d'huile. Une cuillère à café suffit amplement. Prenez par exemple de l'huile d'amande douce. Ajoutez éventuellement de l'he de rose, additif très apprécié pour ce genre de massage. Privilégiez l'effleurage et la pression douce. Pratiqué le matin, ce massage est surtout censé tonifier : il nécessite donc des gestes rapides et amples. Le soir, on vise plutôt la détente : les techniques douces sont alors tout à fait adaptées.

Effleurer doucement le visage avec les deux mains favorise la détente (fig. au coin à gauche). Le pétrir délicatement avec des mouvements circulaires en allant du nez au menton dénoue les tensions (fig. à gauche au centre). Les petits cercles dessinés sur le front et sur les tempes ont un effet apaisant (fig. ci-dessous).

Le massage par pincement : méthode du Dr Jacquet

Cette technique de massage fut présentée pour la première fois à la faculté de médecine de paris en 1907. Pendant environ quinze ans, elle fut pratiquée exclusivement par des médecins avant d'être enseignée dans les écoles de

massage et d'esthétique. Elle a l'avantage de donner des résultats étonnants sans nécessiter une grande force physique. De plus, elle est considérée comme particulièrement efficace en cas d'acné et de cellulite et bien entendu, elle améliore considérablement le bien-être général.

Pour employer cette méthode, quelques préparatifs sont nécessaires. Commencez par vous savonner soigneusement les mains puis désinfectez-les avec de l'alcool à 70 °. Coupez vos ongles très courts, lavez votre visage de façon à éliminer toute trace de sébum. Faites une brumisation rafraîchissante avec un spray d'eau de mer puis nettoyez la peau à l'aide d'un peeling aux sédiments marins. À présent, vous pouvez commencer le massage.

Soulevez brièvement la peau du bout de vos cinq doigts sans l'effleurer, la frapper ou la tordre et laissez-la retomber aussitôt. Ne la faites jamais glisser à droite ou à gauche. Commencez systématiquement par la partie médiane du visage et dirigez-vous ensuite vers les côtés. Au départ, pincez lentement, ensuite n'hésitez pas à être plus énergique. Sur le front et autour du nez, servez-vous uniquement du pouce, de l'index et du majeur pour écarter la peau de l'os. Sur le visage, le cou et le corps en revanche, utilisez vos cinq doigts. L'important, c'est que chaque pincement soit très bref.

La nuque

Si personne n'est là pour vous masser et dénouer les fameuses contractures que vous ressentez au niveau de la nuque et des épaules, faites-le vous-même. Vous n'avez besoin que de vos mains et il n'est même pas nécessaire de vous déshabiller. Vous pouvez donc utiliser ce procédé au bureau. Il se pratique sans problème quand on est assis. On commence et on termine par un effleurage, on enchaîne avec une pression et un pétrissage plus intenses. Pour dénouer davantage les muscles de la nuque, remontez jusqu'à la base de la tête en effectuant des mouvements circulaires avec les pouces. Entourez la nuque avec vos deux mains et tirez vers l'avant en direction des épaules.

Le ventre

Un massage doux soulage toujours les douleurs abdominales. Pour l'exécuter, installez-vous de préférence sur le dos, les jambes légèrement repliées. Faites tourner vos mains dans le sens des aiguilles d'une montre en exerçant une

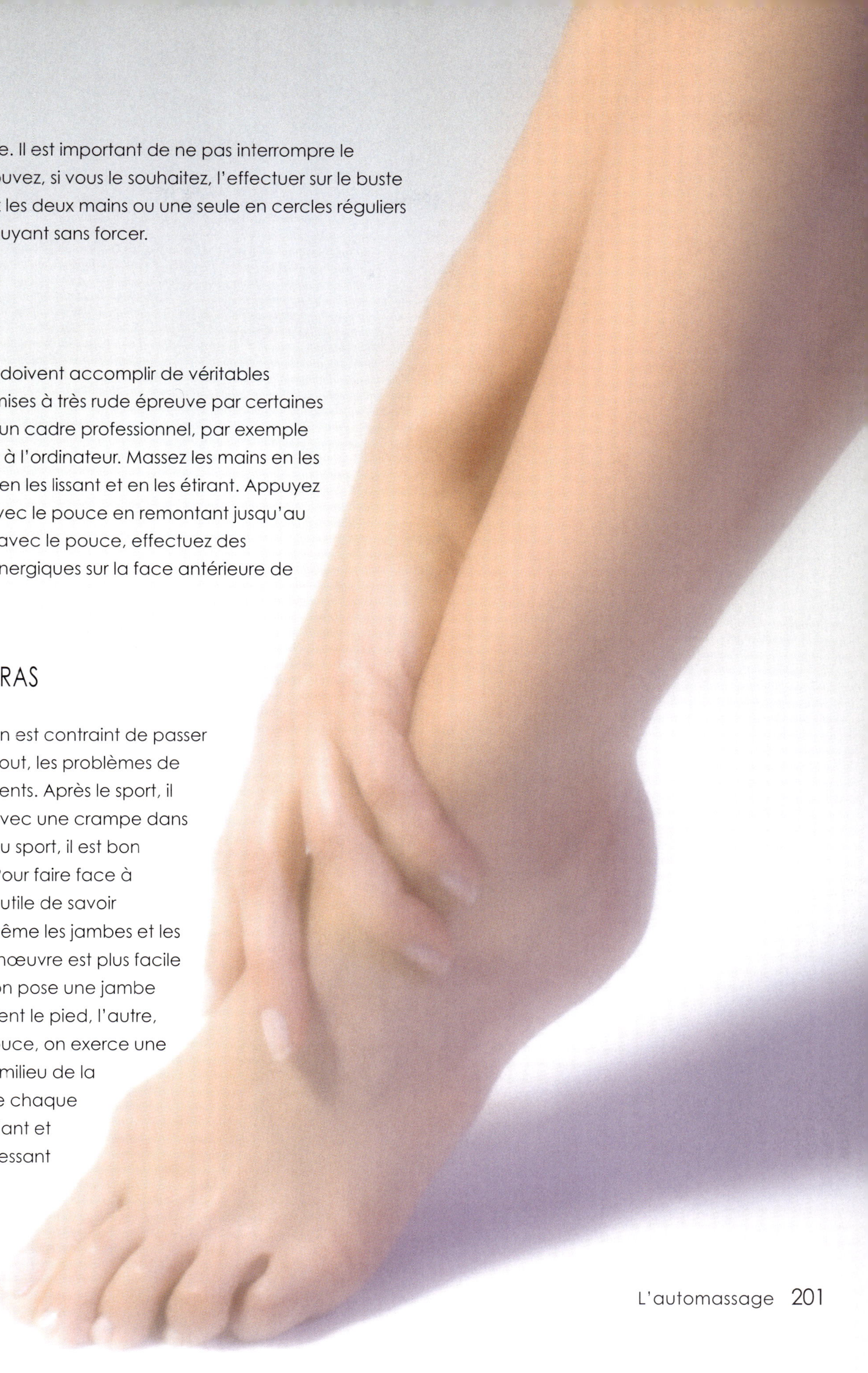

faible pression sur le ventre. Il est important de ne pas interrompre le mouvement mais vous pouvez, si vous le souhaitez, l'effectuer sur le buste dans son entier. Déplacez les deux mains ou une seule en cercles réguliers autour du nombril en appuyant sans forcer.

Les mains

Jour après jour, vos mains doivent accomplir de véritables performances. Elles sont mises à très rude épreuve par certaines activités pratiquées dans un cadre professionnel, par exemple lorsqu'on tape sans cesse à l'ordinateur. Massez les mains en les effleurant, en les frottant, en les lissant et en les étirant. Appuyez fermement sur le revers avec le pouce en remontant jusqu'au poignet. Ensuite, toujours avec le pouce, effectuez des mouvements circulaires énergiques sur la face antérieure de l'avant-bras.

Les jambes et les bras

Dans les professions où l'on est contraint de passer beaucoup de temps debout, les problèmes de jambes lourdes sont fréquents. Après le sport, il arrive qu'on se retrouve avec une crampe dans le mollet. Avant de faire du sport, il est bon d'échauffer les muscles. Pour faire face à toutes ces situations, il est utile de savoir comment se masser soi-même les jambes et les pieds. Pour le pied, la manœuvre est plus facile quand on est assis et qu'on pose une jambe sur l'autre. Une main soutient le pied, l'autre, libre, le masse. Avec le pouce, on exerce une forte pression en lissant le milieu de la voûte plantaire. On masse chaque doigt un par un en les roulant et en les déroulant, en les pressant et en les étirant.

C'est certain, le bien-être que nous ressentons dans notre bain dépend aussi du cadre. Dans une salle de bains minuscule où l'on prend une douche de temps en temps, où l'on se brosse les dents mais où l'on entrepose aussi des tonnes d'objets et où l'on fait sécher le linge, prendre un bain n'est pas un plaisir. Le luxe et la grandeur de la pièce ne sont pas des critères déterminants : en faisant preuve d'imagination, on peut créer un cadre approprié à la cérémonie du bain dans un petit espace. Bien entendu, si l'on envisage des travaux, il faut profiter de l'occasion et aménager sa salle de bains idéale. Mais les petites retouches elles aussi permettent de transformer complètement une vieille salle de bains : un nouveau carrelage, l'introduction de couleurs et d'accessoires la rendront méconnaissable.

VOTRE SALLE DE BAINS : UNE OASIS DE BIEN-ÊTRE

Un lieu dévolu au corps et à l'âme

Dans la plupart des cas, la salle de bains est la pièce la plus petite de l'appartement. Contrairement à ce que l'on pourrait penser, dans les logements construits en 1900, en revanche, si l'architecte prévoyait une salle de bains, il lui accordait une large place. Manifestement, à l'époque, au moins dans les milieux les plus fortunés, cette pièce considérée comme un lieu de délassement était appréciée à sa juste valeur. Dans les décennies suivantes, cette idée disparut et, dans les appartements modernes, la salle de bains et les toilettes devinrent juste des équipements indispensables auxquels on n'accorda plus aucune attention du point de vue esthétique : on casait volontiers les deux dans une seule pièce. Même les propriétaires de leur logement, en principe libres de fixer la taille de leur salle de bains respectaient cette convention tacite selon laquelle on devait sacrifier le moins de place possible aux sanitaires à moins de posséder une belle et immense villa.

La redécouverte de la salle de bains

De la salle de bains élégante avec des lignes claires et des matériaux raffinés au temple de bain somptueux, les variantes dans la décoration de la salle de bains sont infinies.

L'époque de la petite salle de bains faisant seulement office de cabinet de toilette est révolue. En tout cas, la majorité d'entre nous apprécient leur salle de bains et la regardent comme un lieu ce détente privé. Dans un appartement de 100 m^2 – qui, vu la conjoncture et les prix de l'immobilier, est presque considéré comme un logement d'une bonne taille – il reste évidemment peu de place pour une salle de bains belle et spacieuse. Cependant, la taille n'est pas le critère décisif.

Bien sûr, c'est un plaisir de pouvoir installer une grande baignoire au centre de la pièce, entourée de deux lavabos et d'un bidet, et d'ajouter une armoire et une douche séparée s'il reste encore de la place. Mais une salle de bains de rêve comme celle-ci occupe autant de place qu'un salon traditionnel. Nous sommes dans le domaine de l'utopie, mais alors que faire dans la réalité ? La plupart d'entre nous emménagent dans un appartement ou une maison dont la salle de bains est déjà aménagée. Nous devons nous accommoder des locaux, voire laisser en l'état la robinetterie, le carrelage ou la baignoire, même si nous les avons en horreur : des considérations pratiques nous poussent à investir d'abord dans la rénovation des autres pièces. C'est compréhensible du reste car nous ne vivons pas dans la salle de bains. La cuisine, la salle de séjour, la pièce pour les enfants, éventuellement la chambre à coucher doivent

être refaites de toute urgence. De plus, le fait qu'en dehors de la salle de bains, toutes les pièces soient "publiques" entre certainement en ligne de compte : on reçoit dans les unes les invités et les amis, tandis que les gens de passage ne s'attardent que quelques minutes dans la salle de bains ou les toilettes réservées aux visiteurs.

Cette concession ne doit pas vous empêcher de transformer votre salle de bains en un paradis privé. Si jamais vous décidez de rénover complètement la pièce, n'optez pas pour un décor banal, réfléchissez bien à ce que vous voulez faire de l'espace dont vous disposez. Si vous y consacrez un peu de temps, vous aurez des chances de découvrir des solutions étonnantes, notamment pour créer une impression d'espace dans les pièces les plus exiguës grâce au jeu des formes et des couleurs. Et puis les bonnes idées ne sont pas toujours ruineuses. Une baignoire immense et chère ne donnera pas forcément un charme et une allure magique à votre pièce. Au contraire, cet élément tape-à-l'œil peut détruire complètement son équilibre tandis qu'une baignoire plus modeste et meilleur marché a des chances de s'intégrer beaucoup mieux dans le cadre.

Peut-être laisserez-vous l'ancienne baignoire, le lavabo et les robinets en place. Peut-être réfléchirez-vous à la manière dont vous pourriez donner à votre salle de bains le petit quelque chose dont elle a besoin pour que vous vous y sentiez bien à l'avenir : vous pouvez repeindre les murs, refaire le carrelage, introduire des couleurs harmonieuses, un rideau, un éclairage raffiné et divers accessoires.

La lumière, c'est la vie

Quand les architectes qui conçoivent la salle de bains sont avares d'espace, bien souvent non seulement on manque de place mais en plus la fenêtre est minuscule. Dans ce cas, prenez garde, prévoyez un éclairage électrique suffisant. D'une manière générale, la question de l'éclairage est primordiale. Généralement, dans la salle de bains, on installe des néons qui diffusent une lumière uniforme dans la pièce mais rendent l'atmosphère très désagréable. Si vous souhaitez absolument des néons, choisissez au moins un modèle qui répande une couleur chaude. La lumière blanche est froide et supprime toutes les sensations.

Les spots halogènes encastrés dans le plafond constituent une bonne solution car ils créent une lumière uniforme mais pas chirurgicale. Souvent, les armoires à glace elles aussi sont équipées de lampes et complètent l'éclairage venant du plafond. En tout état de cause, pour tous les branchements électriques, faites appel à un spécialiste, ne les bricolez pas vous-même. Lorsque l'électricité et l'eau sont si proches l'une de l'autre dans une pièce, cela peut très vite s'avérer dangereux !

Conseils pour refaire sa salle de bains

Si vous avez la chance de pouvoir refaire complètement votre salle de bains, saisissez l'occasion et réfléchissez bien. Il ne faut jamais baisser les bras. Chaque problème a sa solution. De nos jours, l'industrie produit les baignoires les plus raffinées, des douches et des lavabos de toutes les tailles et de toutes les formes, il est donc tout à fait possible d'aménager une salle de bains originale, même dans un espace restreint.

Si vous devez changer les branchements électriques et les canalisations, mettez-vous d'accord avec les artisans afin qu'ils prévoient quelques pièces de rechange, elles vous permettront ultérieurement d'adapter votre salle de bains aux changements qui pourraient survenir dans votre vie. Prévoyez de nombreux branchements électriques : vous vous rendrez vite compte qu'une seule prise au-dessus du lavabo ne suffit pas dès que vous serez contraint de débrancher systématiquement le rasoir ou la brosse à dents électrique pour vous sécher les cheveux. Une plinthe avec trois ou quatre prises ne coûte pas beaucoup plus cher que les autres mais elle vous épargnera bien des tracas quotidiens. Évitez de recourir aux câbles et aux prises multiples dans cette pièce, ils peuvent causer des accidents mortels.

Une salle de bains moderne ne se conçoit pas sans électricité. Cependant, l'installation électrique doit être conçue par un expert de façon à limiter autant que possible l'intensité du rayonnement. L'industrie produit maintenant des câbles biologiques spéciaux ultra-isolants.

Si vous ne voulez pas percer toutes les cloisons pour installer les conduites d'eau, vous pouvez très bien les accrocher au mur. Les spécialistes parlent alors de "conduites murales". Après avoir assuré l'insonorisation et l'isolation thermique de ces canalisations, on les recouvre et pour finir, on pose du carrelage dessus.

Dans les petites salles de bain, il ne faut surtout pas se tromper quand on choisit le revêtement du sol et des murs. Renoncez aux couleurs sombres. Elles rétréciraient la pièce par un effet d'optique et créeraient une ambiance oppressante. Les couleurs claires en revanche font paraître la pièce plus grande qu'elle n'est. Quant aux glaces, elles ne sont pas là

Les radiateurs modernes ne se contentent pas d'assurer une température agréable dans la salle de bains, ils servent également à poser et chauffer les serviettes.

uniquement pour nous permettre de nous regarder, elles retiennent la lumière et donnent l'illusion de l'espace.

Aménager une salle de bains aveugle de façon à oublier l'absence de fenêtre et à avoir vraiment envie d'y passer du temps est une gageure. En règle générale, un seul néon placé au-dessus de l'armoire à glace ne suffit pas. Voyez si des spots halogènes supplémentaires, répartis habilement dans un faux plafond placé à quelques centimètres au-dessous du vrai plafond ne pourraient pas imiter la lumière du jour si agréable. Le choix de la couleur des spots lui aussi est déterminant, il doit bien sûr être en harmonie avec celle des murs et du sol. Dans une salle de bains sans fenêtre, les glaces jouent un rôle essentiel : en les plaçant judicieusement, vous créerez une impression d'espace là où il n'y en a pas.

Les petites salles de bains ont vite l'air surchargé si l'on y expose les différents accessoires de bain et de toilette dont on a régulièrement besoin. Les sobres petites armoires blanches placées sous le lavabo sont depuis longtemps dépassées, il existe des meubles de salles de bains originaux dans les tailles, les couleurs et les formes les plus diverses. Ces petites meubles élégants très logeables permettent de ranger les serviettes, les savons et les bouteilles de shampoing et de plus captivent le regard. Les armoires à glace aussi se déclinent aujourd'hui en de multiples versions. Parfois, au premier abord, elles ne semblent pas très fonctionnelles. Vues de l'extérieur, elles semblent luxueuses ou résolument futuristes tandis qu'à l'intérieur, elles se révèlent très spacieuses.

La haute technologie dans le paradis du bain

Nombreux sont ceux qui haussent les épaules quand on parle de jacuzzis ou de douches à jets. Pourquoi ? Parce que ces équipements demeurent très coûteux. Toutefois, si vous refaites complètement votre salle de bains, demandez-vous si un tel investissement ne pourrait pas malgré tout valoir la peine. Une baignoire hydromassante – il existe des petits modèles meilleur marché – n'est pas un gadget technique superflu, elle vous donne la possibilité de profiter régulièrement de l'hydrothérapie.

Les massages sous l'eau associés à l'air et à la chaleur ont des répercussions sur tout l'organisme, ils calment, ils stimulent le système immunitaire, équilibrent la circulation sanguine et tonifient. Aujourd'hui, la technique propose de multiples innovations pour les jacuzzis privés : cela va des délicates petites bulles d'air qui virevoltent autour du corps au puissant jet massant qui pétrit les différents muscles. Les buses encastrées dans la baignoire donnent au corps une impulsion qui lui permet quasiment de flotter dans la baignoire.

Techniquement parlant, cette petite merveille fonctionne de la manière suivante : une soufflerie fait sortir l'air chaud par les buses. Plusieurs d'entre elles, réglables, déclenchent au choix un léger picotement ou un jet massant énergique. Les baignoires sont conçues de façon à ce que les différents conduits placés sur les côtés, au niveau du dos et des pieds puissent effectuer le meilleur massage possible.

Les douches elles aussi proposent aujourd'hui un programme complet de remise en forme. Souvent assez grands pour deux personnes, ces appareils permettent de savourer les délices aquatiques assis sur un strapontin. L'eau ne jaillit pas seulement d'en haut mais de tous les côtés et la force du jet est modulable.

Sur un écran visuel, vous pouvez mettre en marche divers programmes. Ainsi, vous pouvez profiter tranquillement d'une douche chaude et froide alternée sans être obligé de manipuler continuellement les robinets pour l'eau chaude et l'eau froide. Certains modèles permettent également de prendre des bains de vapeur. Et bien entendu, ce type d'équipement luxueux comporte un système audionumérique : que ce soit de la musique classique ou moderne, vous écoutez le CD que vous avez mis dans le lecteur avant de rentrer dans la douche.

Tous les goûts sont dans la nature

Il y a mille manières d'aménager et d'équiper une salle de bains. Est esthétique ce qui vous plaît. Et l'imagination est sans limites. Si d'aventure vous vous surprenez à quitter la pièce à regret pour reprendre le cours de la vie, ce sera le signe que vous avez créé la salle de bains que vous méritiez.

Certains apprécient le style rétro fantaisie et choisiront un carrelage riche au décor sophistiqué, des robinets aux courbes raffinées et des miroirs entourés d'un cadre doré très ornementé. La baignoire pourra être en fonte émaillée, sur pieds, avec des bords nettement arqués. Des lampes en forme de tulipe répandront une lumière diffuse.

Des objets décoratifs bon marché suffisent à métamorphoser une salle de bains.

Une salle de bains de style rustique se caractérise par son côté nature, ses couleurs gaies et lumineuses. Un carrelage orné d'un motif floral, des rideaux aériens, des étagères d'angle fantaisie sur lesquelles reposent des gerberas plantés dans des pots en céramiques, des robinets rustiques et des mélangeurs en chrome ou en bronze, des bouteilles vides décoratives, tels sont les éléments qui composent ce style. Si vous placez des meubles dans votre salle de bains – armoires sous vasque ou armoires murales, chaises ou tabourets, optez pour des meubles en bois, traitez-les et peignez-les dans des tons clairs, pastel. Évitez les accessoires modernes, tout doit sembler un peu usé, un peu passé, les surfaces ne doivent pas être aérodynamiques mais irrégulières, l'acryl et le chrome n'ont pas leur place ici. Vous pouvez éventuellement conserver les savons, les éponges et les gants de massage dans une de ces corbeilles en fil métallique dans lesquelles on transportait jadis les œufs en revenant du marché. Installez éventuellement dans un coin un bidon à lait en aluminium. Fouinez chez le brocanteur et fréquentez assidûment les marchés aux puces.

Les murs tapissés d'un joli papier peint imperméable à petites fleurs sont très esthétiques. Si vous souhaitez absolument du carrelage, bannissez les motifs à la mode, choisissez-en un blanc ou avec un décor floral sobre.

Si vous préférez les lignes claires, vous disposez aujourd'hui d'un choix énorme en matière de baignoires, de lavabos et de meubles. L'élégance de ce style

est basée sur la sobriété et le caractère fonctionnel. Évitez d'accumuler les accessoires. Si vous décidez d'ajouter une touche décorative grâce à un vase ou une coupelle posés ici ou là, ce doit être mûrement réfléchi. Des rebords de fenêtres croulant sous les bibelots les plus hétéroclites, des tablettes ou des armoires servant à entreposer toutes sortes d'objets détruiraient l'allure claire et dépouillée d'une salle de bains moderne comme celle-ci.

Quand votre salle de bains ne vous plaît plus

Plus le style de votre salle de bains sera marqué, plus vous risquez de vous heurter à un problème : ce qui vous enchante au début peut devenir monotone à la longue. Un rideau se change facilement ; en revanche, il est plus difficile de jeter à la poubelle une luxueuse baignoire en fonte émaillée avec un décor baroque. Bien entendu, aucun équipement n'est éternel, cependant personne ne désire s'offrir une nouvelle salle de bains tous les deux ou trois ans. Même si vous aimez l'extravagance, soyez conscient que l'on se lasse vite. Demandez-vous si une configuration précise a des chances de toujours vous plaire dans quelques années. Certains styles nous séduisent pendant un temps puis vient un moment où on en a assez.

Un style neutre n'est pas nécessairement dénué de fantaisie. L'équipement de base comprenant la baignoire, le lavabo, les revêtements du sol et mural

doivent constituer une sorte de toile de fond discrète que vous pouvez sans arrêt modifier légèrement grâce à des retouches judicieuses – en mettant des rideaux, des tapis, des meubles de couleurs différentes, des accessoires et des plantes. Ainsi, vous aurez l'impression de profiter d'une salle de bains toujours nouvelle. Bien entendu, cette tactique fonctionnera beaucoup mieux si le coloris de base du mobilier, du sol et des murs est neutre. Les teintes pastel sont les plus appropriées. Grâce à quelques détails décoratifs, vous pourrez créer des ambiances très diverses. Évidemment, il faut s'en tenir à un thème précis et faire des variations dessus. L'une des couleurs présentes sur les rideaux et les tapis peut par exemple être reprise pour divers accessoires, notamment les serviettes, les gants, les fleurs disposées dans un vase et les sels de bains que vous aurez teintés vous-même puis rangés dans un beau pot à pharmacie en verre. Inutile de jeter tous ces objets lorsque vous changerez de décor. Conservez-les et ressortez-les l'année suivante.

Pourquoi votre salle de bains ne changerait-elle pas de visage selon les saisons ? Au printemps, c'est le moment de choisir des tons pastel allant du jaune à l'orange qui reflètent la joie suscitée par la fin de la saison froide. On pourrait imaginer un bouquet coloré posé sur le rebord de la fenêtre, des petits canards jaunes en mousse en guise d'éponges, des serviettes jaune vif et des gants de toilette orange. Puis vient le temps de la salle de bains d'été qui arbore des couleurs plus vives. Les tissus supportent un rouge soutenu, des roses rouges sont réparties dans un vase, une savonnette rouge est posée à côté du lavabo et un nouveau tapis de bain orné d'un motif rouge recouvre le sol. En automne, on préfère des teintes plus douces, les tons mauves ou cuivrés, des herbes séchées recueillies dans une coupelle. Et pendant les mois d'hiver, lorsque le monde au dehors perd ses couleurs, le bleu chatoyant peut faire son entrée dans la pièce, amenant une odeur marine ; vous pouvez accrocher un filet de pêcheur au plafond, mettre des coquillages sur le rebord de la fenêtre, un ou deux dauphins en verre, des flacons bleu clair ou bleu foncé remplis d'essences pour le bain, des tissus bleus et blancs.

Rappelez-vous que la modération est toujours de mise. Que ce soit au-dessus du lavabo ou sur le rebord de la fenêtre, n'encombrez pas tous les recoins de votre salle de bains. Un objet décoratif isolé sera du meilleur effet.

Les couleurs et leurs effets sur le psychisme

Chacun sait que les couleurs sont un outil de création. Mais leur pouvoir va bien au-delà de ce que nous connaissons généralement. En effet, chaque couleur provoque des effets différents. En les utilisant à bon escient, on peut déclencher des processus psychiques mais aussi physiques. Et comme la salle de bains est censée être une oasis de bien-être, il est primordial de faire un

Algologie

usage raisonné des couleurs. Pour cela, il est nécessaire de connaître l'action de chacune d'entre elles.

Le rouge est la couleur la plus chaude, c'est une couleur pleine d'énergie ; c'est également la couleur du feu. Mais il importe de la doser correctement. Un verre à dents rouge posé devant un mur carrelé blanc a un effet tonifiant, même s'il ne s'agit que d'une tache colorée. Manifestement, elle suffit à raviver la pièce. Imaginez par contraste un verre à dents vert à la place. Cette alliance de couleur passerait presque inaperçue. En revanche, si l'on recouvrait tout un mur de carreaux rouges, le résultat serait très agressif. La vigueur serait excessive et ce serait un excitant pour l'organisme. Or, ce n'est pas du tout l'effet escompté dans la salle de bains ; dans ce lieu, on cherche à se détendre. Le rouge ne doit donc servir qu'à introduire des touches de couleur. Si vous pensez être plutôt du genre réservé, voire manquer de punch et avoir besoin d'un peu plus de fougue, accentuez cette touche.

Il existe bien sûr des couleurs qui équilibrent, neutralisent le rouge. Une porte peinte en rouge au milieu d'un mur plus grand recouvert d'un papier peint bleu foncé perd beaucoup plus de sa force que cette même porte placée sur une toile de fond blanche. Une étendue rouge surplombant le socle bleu d'un lavabo paraît moins éclatante, même si le rouge flamboyant domine malgré tout.

Évidemment, en employant des tons de rouge moins vifs, on obtient un résultat plus discret. Certes, un rouge plus pâle est moins tonique, mais il est moins agressif que le rouge plus foncé. Les tons roses égayent une pièce, mais d'une façon beaucoup plus délicate. Par conséquent, si, le printemps venu, vous mettez des fleurs roses dans un vase, vous ferez entrer dans votre salle de bains la vigueur naissante du début de saison avec toute sa fraîcheur et son entrain. Vous pourrez ainsi sentir sur votre peau la caresse du printemps.

Le bleu est une couleur froide qui ramène les natures exaltées à la réalité et les calme. C'est la couleur de la mer qui inspire des humeurs comme la rêverie, le chagrin, la mélancolie, le besoin d'évasion. Tous ces états d'âme peuvent facilement basculer dans la tristesse et une telle atmosphère ne contribue pas à améliorer le bien-être dans votre oasis privée pour le bain.

Le bleu est particulièrement déconseillé dans les petites salles de bains. Une simple note de bleu combinée avec du rouge peut être intéressante. Le problème est différent si vous utilisez du bleu clair. Vous pouvez peindre le plafond en bleu clair afin de créer une illusion d'infini, comme si la salle de

bains était à ciel ouvert. Si ce fond bleu est parsemé de rayons, la petite salle de bains semble tout à coup se jouer de ses limites. Avec un décor tout en bleu sur les murs et le sol, vous créerez une atmosphère trop mélancolique et trop froide. De plus, avec une dominante bleue, vous n'arriverez pas à tempérer ou à compléter de façon harmonieuse par d'autres notes de couleur.

Le jaune, la teinte opposée, est une teinte difficile si l'on considère ses éventuelles nuances. Un jaune trop soutenu comme par exemple le jaune safran, le jaune d'or, le jaune narcisse et même le jaune citron, aura tendance à irriter, à rendre nerveux et empêcher la sérénité. La salle de bains ne tolère pas les couleurs agressives. En revanche, tous les tons de jaune associés au rouge conviennent parfaitement parce qu'ils mettent de bonne humeur, notamment l'abricot, bien sûr, cette couleur douce qui est celle du teint, le reflet doré dont se pare le corps. Des murs orangés reflètent cette couleur et rendent corps et visage splendides quand on se mire ou qu'on s'observe l'un l'autre. Un beau jaune soutenu agrandit la salle de bains, invite le soleil à l'intérieur, réchauffe l'âme et l'esprit et stimule la circulation sanguine. Un jaune approprié favorise l'équilibre hormonal et contribue largement à susciter le bien-être que l'on espère ressentir dans son bain.

Le gris est très élégant quand il n'est pas trop foncé sans quoi, à haute dose, il risque de rendre triste. Seuls les tons de gris délicats sont adaptés et ils ont toujours besoin d'être compensés par une note vive. Ainsi, le mauve qu'il ne faut pas employer seul sur une grande étendue s'harmonise très bien avec cette teinte. Un carrelage gris au sol constitue un cadre apaisant. Si vous

ajoutez des serviettes mauves, vous créerez une alliance de couleurs heureuse qui se répercutera sur le psychisme. Et au bout du compte, vous aurez une impression de luxe, de raffinement.

Bon nombre de gens trouvent que le vert est une couleur naturelle extrêmement agréable. On dit que c'est la couleur de l'espérance, ce qui s'explique par la prédominance du vert dans la nature. Imaginez les premières petites plantes vertes qui parviennent à percer la terre après un hiver rigoureux, le sol qui se couvre de feuilles verdoyantes : ces images évoquent la nature, la vie. Le vert apaise, crée une atmosphère reposante. Il vaut mieux qu'il tire sur le jaune plutôt que sur le bleu. Un vert criard contenant une trop grande quantité de bleu est moins harmonieux. Préférez-lui le vert d'une pomme délicieuse, celui d'une prairie et n'hésitez pas à utiliser toute la gamme des verts pour les accessoires. Les teintes rouges ne vont pas avec le caractère serein du vert. Dans ce cas, le feu apparaît comme un ennemi de la nature florissante.

La salle de bains blanche demeure un classique. Même les pièces exiguës d'allure assez sombre ont l'air spacieux quand elles sont dans cette couleur. Le blanc n'a pas de limites. Mais il convient également aux pièces plus grandes. C'est la couleur de la pureté, synonyme de lumière, de vie et de liberté, elle stimule la respiration. Une salle de bains blanche n'exclut pas la fantaisie. Tout dépend des notes colorées que vous choisissez pour l'égayer. Vous pouvez employer toutes les couleurs qui vous plaisent. Mais l'idéal, c'est de combiner les carreaux blancs avec des motifs de couleur pastel ou plus tranchée.

Feng Shui pour un paradis du bain

Le Feng Shui est un terme chinois qui, traduit littéralement, signifie tout simplement "vent et eau". Cette théorie vieille de plusieurs millénaires traite de la bonne répartition de l'énergie qui entoure l'homme. Les Chinois parlent du principe qu'il existe une force qui crée et perpétue toute vie. Cette force n'a rien à voir avec nos mesures physiques. C'est une énergie vitale qu'aucune science ne peut quantifier mais qui traverse les êtres vivants comme les objets prétendument inanimés, c'est-à-dire les maisons, les pierres, les montagnes, les vallées, les fleuves et la mer. Les Chinois la nomment Chi. Ainsi, chaque individu est empli par le Chi qui diffuse sans cesse dans l'organisme ses ondes harmonieuses. Parallèlement, l'énergie qui nous entoure se répand en un flux incessant et s'accorde avec le rayonnement intérieur de l'être humain.

Toutefois, il arrive que certains facteurs extérieurs fassent obstacle à ce flux d'énergie harmonieux. L'énergie se retrouve bloquée, en d'autres termes, l'homme, placé dans une constellation aussi défavorable, se sent mal ou carrément malade. L'art du Feng Shui consiste à formuler des lois et à en déduire des règles qui, appliquées correctement, permettent de faire disparaître ces blocages ou d'en empêcher la formation.

Les lois du Feng Shui concernent l'organisation de notre environnement dans son ensemble, le jardin, la maison, chacune des pièces de la maison, mais aussi à plus grande échelle la disposition des maisons et des rues dans une ville. Pour notre part, cependant, nous nous limiterons ici aux répercussions que ces règles peuvent avoir sur l'aménagement de la salle de bains.

Dans un premier temps, pour nos esprits essentiellement formés aux déductions logiques, le Feng Shui s'apparente plutôt à une superstition. Et quant à Hong-Kong, par exemple, on voit les riches dépenser des fortunes pour afficher des numéros censés leur porter chance sur leur plaque d'immatriculation, cette impression s'accentue encore. Mais si l'on se donne la peine d'examiner le noyau pragmatique de ces préceptes apparemment si irrationnels, on se rend compte très vite que nombre de recommandations du Feng Shui trouvent grâce devant ce que nous appelons notre bon sens. Ainsi, le Feng Shui part du principe qu'un bric-à-brac entassé dans un coin de la maison perturbe le flux d'énergie et a, par conséquent, une influence néfaste sur les émotions des occupants. Nous ne formulerions pas les choses de cette façon mais nous dirions simplement que nous nous sentons mal dans un tel désordre et que nous préférons éviter ces endroits. Pourquoi ? Nous invoquons notre sens de l'esthétique troublé par un tel dépotoir ou bien les insectes qui pourraient s'y nicher et risqueraient de nuire à notre confort.

Il en va de même pour un autre cas emblématique du Feng Shui applicable lui aussi à la salle de bains. Les Chinois disent qu'il faut toujours rabattre le couvercle des toilettes sans quoi toute l'énergie file dans la cuvette ce qui signifie que la fortune de ceux qui logent ici se retrouve dans les toilettes. Est-ce une réalité et le compte en banque des intéressés souffre-t-il vraiment de cette situation ? La question reste ouverte. En revanche, il est incontestable que laisser le couvercle des toilettes ouvert est une mauvaise habitude. Des odeurs nauséabondes se répandent et l'on risque de faire tomber quelque chose dans la cuvette par inadvertance, par exemple sa montre que l'on doit ensuite retirer de l'eau non sans difficulté. Par ailleurs, dans une jolie salle de bains, certaines personnes sont troublées par cette cuvette exposée ainsi aux regards. Le Feng Shui est donc parfaitement sensé et l'on peut très bien considérer la salle de bains sous cet angle.

La salle de bains et les toilettes remplissent deux fonctions essentielles du point de vue de l'hygiène : ils servent à la propreté et à la détente. Toutefois, il ne faut pas les rassembler en un même lieu. Le manque de place ou la volonté d'économie de l'architecte font que bien souvent, les toilettes se retrouvent dans la salle de bains. Objectivement, cet agencement n'est pas pratique du tout car on a tendance à occuper plus fréquemment et plus longuement la salle de bains, en général avec d'autres membres de la famille si l'on n'a rien contre. En revanche, la plupart des gens vont aux toilettes seuls. Par ailleurs, quand un individu savoure un bain avec délectation, il est malaisé pour un autre d'utiliser les toilettes. On peut donc expliquer la réticence du Feng Shui vis-à-vis de cet aménagement de manière très pragmatique et sans recourir à ces flux d'énergie impalpables. Pour résoudre le problème de la salle de bains avec toilettes, le Feng Shui propose un compromis : elle consiste à séparer si possible la cuvette des toilettes par un rideau ou un paravent – on pourrait imaginer aussi une paroi en verre translucide relativement basse ou une très fine étagère qui diviserait l'espace. En outre, le Feng Shui exclut qu'on voit la cuvette des WC dès que l'on ouvre la porte de la salle de bains. Bien entendu, on ne peut respecter cet interdit qu'à condition de bouleverser complètement l'agencement de sa salle de bains et d'avoir une pièce qui permette de dissimuler les toilettes dans un coin. Il est par ailleurs préférable de démarquer nettement la salle de bains et les toilettes des pièces d'habitation. Cela veut dire que les sanitaires doivent se situer de préférence à l'arrière du logement. Pour mettre en évidence ce cloisonnement, on peut envisager de tirer un rideau ou d'installer une porte coulissante devant la zone salle de bains/toilettes. Quand ces deux pièces sont à l'entrée de l'appartement, cela est presque considéré comme une catastrophe. Les visiteurs sont confrontés d'emblée au lieu réservé à l'hygiène, c'est-à-dire aux mauvaises odeurs et à un spectacle bien peu esthétique. Toutefois, quand on habite un appartement disposé ainsi, il faut faire avec.

Dans ce cas, il n'y a qu'une seule solution : tous les membres de la famille doivent s'habituer à maintenir la porte qui mène à cette pièce fermée. Il est

fortement recommandé de s'équiper d'une bonne ventilation mécanique afin d'éviter qu'en ouvrant la porte (ou lorsqu'on oublie exceptionnellement de la fermer) les odeurs des toilettes s'échappent dans le reste de l'appartement. Un savon fortement parfumé ou un pot-pourri placé près de la cuvette des toilettes combattent aussi les mauvaises odeurs.

Veillez à ce que les robinets ou la chasse d'eau ne gouttent pas et ne fuient pas et évitez que les évacuations ne se bouchent. Dans le premier cas, l'énergie s'écoulerait inutilement, dans le second cas, elle ne pourrait pas circuler librement.

Pour permettre à l'énergie de circuler de façon harmonieuse, la salle de bains a besoin d'une grande fenêtre qui laisse entrer beaucoup de lumière (synonyme d'énergie) dans la pièce. Les couleurs sombres absorbent l'énergie, aussi le Feng Shui donne-t-il la préférence aux couleurs claires. Voilà encore un principe facile à comprendre. Par ailleurs, selon le Feng Shui, une fenêtre sans rideau ou sans accessoires posés sur le rebord laisse passer un courant d'énergie trop rapide, son impact sur ceux qui se tiennent dans la pièce est excessif. Pour atténuer ces flux trop puissants, les experts de Feng Shui conseillent d'employer des voilages d'une couleur appropriée ou de placer des plantes sur le rebord de la fenêtre. Ce précepte aussi, nous pouvons le reprendre à notre compte car une grande fenêtre dépouillée est disgracieuse parce qu'elle paraît nue et éblouissante. Une seule plante suffit à la rendre beaucoup plus souriante.

Mais attention, le Feng Shui n'autorise que les plantes à feuilles rondes parce que les feuilles pointues ou même les épines des cactus tirent des "flèches" empoisonnées sur l'homme, ce qui risque de perturber son équilibre intérieur. On peut accepter ce précepte sans réserve car dans la salle de bains, le plus souvent, on est nu et les feuilles pointues ou les épines de cactus peuvent causer des blessures fâcheuses.

Si votre baignoire est placée juste devant une large et haute fenêtre et que la porte de la pièce se situe juste en face, l'expert de Feng Shui déplore cet agencement car un courant d'énergie trop puissant et trop rapide s'engouffre dans la maison en passant par la fenêtre et selon la loi du chemin le plus court ressort directement par la porte. Dès lors, la personne installée dans la baignoire ne peut pas se sentir bien parce que ce courant bouleverse ses vibrations intérieures. Le Feng Shui conseille de réduire le flux d'énergie, de le dévier afin qu'il effectue des détours et que, ramené à une intensité supportable, il ne dérange plus la personne dans son bain. Cette

déviation peut prendre la forme d'un vase empli de fleurs, de jolis flacons colorés ou d'une plante en pot placés sur le rebord de la fenêtre, ou encore d'un mobile ou d'un carillon accrochés au dessus de la fenêtre.

De fins voilages cousus dans un tissu vaporeux peuvent également contenir le flux d'énergie. Quand on prend son bain et qu'on souhaite se délasser dans l'eau les yeux fermés, il est appréciable de ne pas être exposé aux yeux de tous. Même si personne ne regarde par cette grande fenêtre vide, on éprouve quand même une certaine gêne. Si des accessoires sont installés sur le rebord de la fenêtre ou accrochés au dessus d'elle, on a la sensation d'être davantage à l'abri des regards indiscrets.

Par ailleurs, le Feng Shui recourt à des objets spécifiques comme les pierres ou les cristaux auxquels il attribue des vertus énergétiques. Selon lui, ils permettent de neutraliser les courants d'énergie négatifs et d'éloigner de l'homme les influences néfastes. Toujours selon le Feng Shui, ils doivent être taillés de manière symétrique car l'asymétrie déséquilibre les flux d'énergie. Quant aux pierres précieuses, elles doivent être de taille modeste car les grands cristaux concentrent trop d'énergie ce qui est, encore une fois, néfaste.

Les miroirs jouent un rôle crucial dans l'orientation de l'énergie. Pour nous, accrochés habilement, ils créent une illusion d'espace jusque dans les petites pièces. Le Feng Shui les recommande parce qu'une glace ou plusieurs renvoient l'énergie d'un endroit à un autre et la dynamisent dans les pièces où elle stagne. C'est particulièrement le cas dans les salles de bain aveugles. Il vous suffit de vous représenter la scène suivante : vous entrez dans une salle de bains sans fenêtre et vous voyez les lavabos et les armoires à glace qui les surplombent face à la porte. La baignoire est à droite. Dans cette pièce exiguë, on peut être envahi par une certaine angoisse. Mais si le miroir situé en face de la porte est très grand et qu'il ne reflète pas seulement votre visage mais votre buste, la pièce semble plus vaste. Elle paraît deux fois plus grande. Certes, il ne s'agit que d'une illusion mais cet effet d'optique n'en est pas moins réconfortant.

Les glaces scindées en plusieurs parties ou les carreaux de glace qui morcellent votre image sont considérés comme néfastes. D'un point de vue strictement rationnel, on pourrait dire qu'ils nuisent à l'illusion d'espace car leur aspect qui rappelle celui d'une mosaïque souligne que tout n'est qu'un effet de miroir.

Prendre un bain dans la verdure

Certains rêvent peut-être d'une vaste et belle baignoire en émail installée dans le jardin, entourée par un océan de plantes et d'arbres. Imaginez-vous dans cette baignoire en train de savourer l'instant présent sous les chauds rayons du soleil dont la lumière se faufile à travers le feuillage. Aujourd'hui, il est tout naturel d'avoir des plantes dans son appartement, et certaines personnes créent même un véritable jardin miniature sur le rebord de leurs fenêtres. À présent que, dans la plupart des ménages, le cabinet de toilette rudimentaire a cédé le pas au temple du bain aménagé avec tout le confort, les plantes elles aussi investissent peu à peu cette partie du logement.

Il ne fait aucun doute qu'elles s'intègrent parfaitement dans la salle de bains. Un lieu où l'eau domine est un lieu de vie et les plantes y ont tout naturellement leur place. Certes, on ne peut pas y mettre n'importe quelle variété car le climat qui y règne à certains moments n'est pas du tout tempéré. Cependant, une série de plantes vertes et de plantes à fleurs s'y sentent elles aussi à leur aise. Il faut simplement les choisir en tenant compte de cet environnement spécifique.

On est parfois confronté à un problème de lumière. Dans une pièce aveugle, une plante ne peut pas s'épanouir. Pour elle, la lumière est indispensable. Elle a besoin d'un ensoleillement important pendant toute l'année. Le second problème qui se pose est celui de la température, qui fait que toutes les plantes ne peuvent pas être placées dans cette pièce. Ici, les températures sont souvent assez élevées. Il n'est pas rare qu'il fasse 25 °C ou plus. Les plantes habituées à des températures faibles sont donc exclues. De plus, la salle de bains est soumise à de grandes variations de température. Quand on a fini de prendre son bain, on ouvre la fenêtre en grand pour que la vapeur s'évacue et la plupart des gens éteignent le chauffage parce qu'ils ne veulent pas chauffer la pièce inutilement jour et nuit. Les plantes sont donc exposées à une sérieuse chute de température, en particulier l'hiver quand, après un bain chaud et fumant, l'air glacial afflue vers la fenêtre. Les plantes sensibles subissent un choc.

Il faut donc choisir des végétaux dont la nature robuste ne soit pas susceptible de souffrir de ces extrêmes. Et puis tenez compte de leur présence quand vous aérez et, à la saison froide, assurez à la pièce une température minimale permanente et n'aérez pas trop longtemps. Ne les laissez pas près de la fenêtre pendant cette opération. Si, en temps normal, elles sont posées sur le rebord de la fenêtre, déplacez-les momentanément.

Pour des raisons bien compréhensibles, le taux moyen d'humidité ambiante dans la salle de bains est très élevé. Cependant, toutes les plantes issues de zones climatiques chaudes et humides apprécient cette atmosphère.

Le choix des plantes dépend également de leur rythme de croissance. Étant donné que dans la salle de bains, les températures évoquées précédemment restent les mêmes toute l'année, on ne peut pas y laisser en permanence les plantes qui connaissent des phases de repos marquées. Malgré toutes ces restrictions, le choix, notamment celui de plantes vertes, reste relativement étendu.

Vous avez peu de chances de voir vos plantes menacées par les nuisibles ou les maladies ou encore les parasites, aussi rares que dans les pièces d'habitation. En revanche, il est possible qu'elles souffrent du choc causé par la très grande amplitude de températures.

Les plantes vertes suivantes s'adaptent très bien dans la salle de bains : l'asparagus (*asparagus densiflorus*), particulièrement robuste qui n'a pas besoin de beaucoup de chaleur, différentes variétés de bégonias rex, en particulier la phalangère que l'on peut placer dans une suspension, la vigne d'appartement (*cissus antarctica*) et sa variété en suspension ou grimpante (*cissus rhombifolia*). Plusieurs sortes de citronniers ainsi que la plante ombrelle (*cyperus alternifolius*), très résistante mais ayant besoin de beaucoup d'humidité, passeront très bien l'hiver dans une salle de bains peu chauffée. Le dieffenbachia, lui, exige une grande luminosité. Vous pouvez aussi choisir un lierre, grimpant ou en suspension, différentes variétés de peperomias qui aiment les sols humides mais ne supportent pas l'humidité excessive. Enfin, le philodendron, le pilea du père Cadier et le scirpus cernuus ainsi que l'helxine sauront eux aussi s'intégrer dans le décor. Parmi les plantes à fleurs, nous vous recommandons les variétés d'anthurium de Scherzer, notamment le flamant rose, la violette africaine et le faux arum (qui craint la chaleur) ou encore les broméliacées qui rappellent un peu l'ananas.

Les fleurs coupées que l'on dispose dans un vase placé dans la salle de bains ne posent aucun problème particulier. Elles permettent d'introduire des couleurs très variées dans la décoration et si vous souhaitez changer fréquemment l'allure de la pièce, les bouquets de saison produisent un effet particulièrement esthétique. Vous pouvez les répartir dans de petits vases que vous poserez à plusieurs endroits et qui contiendront seulement quelques fleurs ou une seule. Mais vous pouvez aussi placer dans un coin de la pièce une grande potiche emplie d'un splendide bouquet.

Index